J.~F. Le Maréchal – L. Soulié

DICTIONNAIRE PRATIQUE DE LA CHIMIE

En classes de 2nde, 1ère et terminale
(Compléments post baccalauréat)

⋎ HATIER

I.S.B.N. 2.88003.044.7 - FOMA - ISBN 2.218-05607-0-HATIER
© FOMA CH-1020 Renens Août, 1983

classification périodique

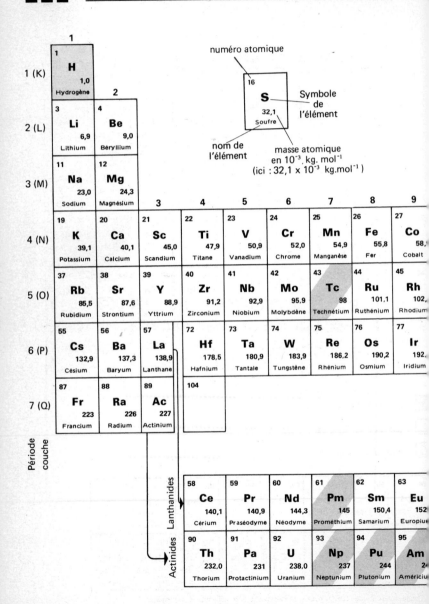

des éléments

							18
Métaux ←	**Non-métaux** →						**2** **He** 4,0 Hélium
10	**11**	**12**	**13**	**14**	**15**	**16**	**17**
			5 **B** 10,8 Bore	**6** **C** 12,0 Carbone	**7** **N** 14,0 Azote	**8** **O** 16,0 Oxygène	**9** **F** 19,0 Fluor	**10** **Ne** 20,1 Néon

13	14	15	16	17	18
Al 27,0 Aluminium	**Si** 28,1 Silicium	**P** 31,0 Phosphore	**S** 32,1 Soufre	**Cl** 35,5 Chlore	**Ar** 39,9 Argon

28	29	30	31	32	33	34	35	36
Ni 58,7 Nickel	**Cu** 63,5 Cuivre	**Zn** 65,4 Zinc	**Ga** 69,7 Gallium	**Ge** 72,6 Germanium	**As** 74,9 Arsenic	**Se** 79,0 Sélénium	**Br** 79,9 Brome	**Kr** 83,8 Krypton
46	47	48	49	50	51	52	53	54
Pd 106,4 Palladium	**Ag** 107,9 Argent	**Cd** 112,4 Cadmium	**In** 114,8 Indium	**Sn** 118,7 Etain	**Sb** 121,8 Antimoine	**Te** 127,6 Tellure	**I** 126,9 Iode	**Xe** 131,3 Xénon
78	79	80	81	82	83	84	85	86
Pt 195,2 Platine	**Au** 197,0 Or	**Hg** 200,6 Mercure	**Tl** 204,4 Thallium	**Pb** 207,2 Plomb	**Bi** 209,0 Bismuth	**Po** 209 Polonium	**At** 210 Astate	**Rn** 222 Radon

liquide à 25° C

gazeux à 25° C, 1 atm.

obtenu par synthèse

64	65	66	67	68	69	70	71
Gd 157,3 Gadolinium	**Tb** 158,9 Terbium	**Dy** 162,5 Dysprosium	**Ho** 164,9 Holmium	**Er** 167,3 Erbium	**Tm** 168,9 Thulium	**Yb** 173,0 Ytterbium	**Lu** 175,0 Lutétium
96	97	98	99	100	101	102	103
Cm 247 Curium	**Bk** 247 Berkélium	**Cf** 251 Californium	**Es** 252 Einsteinium	**Fm** 257 Fermium	**Unu*** 258 Unnilunium	**Unb*** 259 Unnilubium	**Unt*** 260 Unnilutrium

* Recommandation de l'IUPAC pour le Mendélévium, le Nobélium et le Lawrencium.

En un seul volume, ce livre traite l'ensemble des éléments fondamentaux de la chimie. Toutes les notions nécessaires au Baccalauréat y sont réunies, caractérisées par les signes :

 indiquant les chapitres auxquels les élèves de **2nde** pourront se limiter ;

 indiquant les chapitres auxquels les élèves de **1ère** pourront se limiter ;

 qui limite le strict niveau **bac** ;

 qui **prolonge** ces connaissances sans notions nouvelles ;

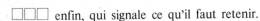 enfin, qui signale ce qu'il faut retenir.

Avant d'aborder un chapitre, il est indispensable de vérifier, grâce à la **filiation des thèmes** page 3, que vous possédez une bonne connaissance des chapitres en amont de celui qui vous intéresse.

Si la lecture d'un chapitre pose des problèmes de compréhension, il faut rechercher grâce à l'index (p. 152), où se trouvent dans ce même manuel les notions qui manquent.

Il ne faut pas hésiter à demander à un professeur de réexpliquer telle ou telle phrase du livre. (Il est bien plus efficace d'aborder un professeur en lui posant la question : "veuillez m'expliquer cette phrase..." plutôt qu'en disant par exemple : "je n'ai pas compris le chapitre des acides...").

"Toute ma vie durant, le lundi j'ai joué la première suite de Bach, le mardi la deuxième, et caetera et le samedi la sixième : comme il n'y en a que six, le dimanche je rejouais la sixième..."

PABLO CASALS

filiation des thèmes de l'ouvrage

(voir mode d'emploi p. 2)

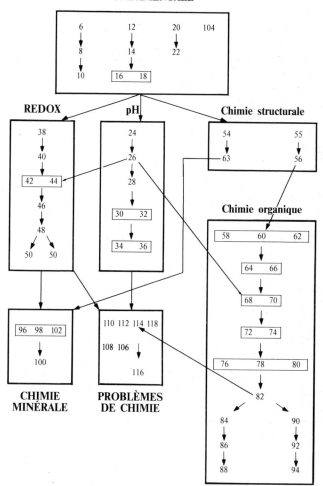

- Les pages 120 à 151 sont des révisions générales.
- Les pages 152 à la fin constituent l'index alphabétique, puissant outil pour la recherche d'un renseignement.

Table des matières

- 1 kg de fer est constitué de 10^{25} atomes
- 1 clou (en fer) est constitué de $6 \cdot 10^{22}$ atomes
- 1 poussière (obtenue en limant le clou) est constituée d'environ 10^{17} atomes.

Ces chiffres ne sont pas pratiques, ils semblent démesurés.
10^{17}, ou cent millions de milliards, n'évoquent en rien la petite taille de la poussière.
Pour plus de commodité, nous compterons les atomes par paquets : on aurait pu définir l'unité "1 paquet" comme étant un ensemble d'un milliard d'atomes.

Alors
- 1 kg de fer ferait 10^{16} paquets
- 1 clou $\qquad 6 \cdot 10^{13}$ paquets
- 1 poussière $\qquad 10^{8}$ paquets.

En fait, il a été convenu comme unité de comptage, la taille du paquet, le nombre $N = 6 \cdot 10^{23}$, et non pas 1 milliard.

□□□ **Ce nombre $N = 6 \cdot 10^{23}$ est appelé le** *Nombre d'Avogadro.* **Cette nouvelle unité s'appelle la** *mole* **(abréviation : mol.). 1 mole est par définition un paquet de N éléments.**

On dit que :
- 1 kg de fer est constitué de 16,6 moles d'atomes de fer.
- 1 clou $\qquad$ de 0,1 mole d'atomes.
- 1 poussière $\qquad$ de $0,17 \cdot 10^{-6}$ mole d'atomes.

Cette idée de regrouper par paquet n'est pas propre aux chimistes ! Ainsi on n'achète pas 36 œufs, mais 3 douzaines d'œufs ; 4 chaussettes, mais 2 paires de chaussettes ; de même le chimiste ne compte pas $30 \cdot 10^{23}$ atomes mais 5 moles d'atomes.

● *Remarques*

On parle de paires de chaussettes mais aussi de paires de lunettes. On a affaire de même à des moles d'ions, des moles d'atomes, des moles d'électrons, de molécules, de protons...

● **Définition légale de la mole** (à ne pas retenir)

Une mole d'atomes de carbone 12, isotopiquement pur, a pour masse $12,000\,000 \times 10^{-3}$ kg.

La mole représente un grand nombre d'éléments identiques.
Ce nombre $N = 6,023 \cdot 10^{23}$ s'écrit en fait :

$$6\,02\,300\,000\,000\,000\,000\,000\,000.$$

Essayez de l'énoncer en milliards de milliards.
Ce nombre est en fait beaucoup plus grand que ce que l'imagination peut concevoir. Sachez que si l'humanité (6 milliards d'êtres) disposait "d'une mole de centimes", chaque individu disposerait, après un partage équitable, de $6 \cdot 10^{23}$: 6 milliards. Chacun d'entre nous pourrait ainsi dépenser : 1.000.000 F (francs lourds) à chaque heure du jour et de la nuit pendant sa vie de centenaire ! Qu'en feriez-vous ?

Le nombre d'Avogadro a été choisi pour que la mole représente une quantité pratique à l'usage.

● 1 mole d'eau a pour masse 18 g
● 1 mole de carbone a pour masse 12 g.

18 g est quand même plus pratique que $2,98 \cdot 10^{-26}$ kg qui est la masse d'une seule petite molécule.

Cas des isotopes (p. 12)

Les deux *isotopes* importants du *chlore* sont :

● $^{35}_{17}Cl$ (une mole de cet isotope a pour masssse 35 g)
● $^{37}_{17}Cl$ (une mole de cet isotope a pour masse 37 g).

Dans la nature, on ne rencontre pas un seul isotope, mais un mélange dont la proportion est toujours 75 % de ^{35}Cl et 25 % de ^{37}Cl. En moyenne, une mole d'atomes chlore a pour masse 35,5 g. La masse molaire du gaz dichlore Cl_2 est 71 g·mol^{-1}.

♣

Loi d'Avogadro-Ampère

Dans un même volume, à la même pression, à la même température, quel que soit le gaz, il y a toujours le même nombre de molécules.

Dessinons quatre volumes identiques contenant autant de molécules d'hélium, d'hydrogène, d'oxygène et de *butane*.

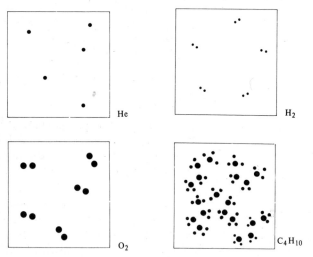

La pression est la même dans ces 4 récipients.

● **On remarque :**

    a. une apparente surpopulation du gaz C_4H_{10} par rapport à He ;
    b. un fait expérimental, la pression est la même dans les 2 cas ;
    a. et b. semblent en contradiction.

● **Explication :** les schémas pour être exacts devraient représenter les atomes en vraie grandeur, soit 10^7 fois plus petits et 10^{23} fois plus nombreux.

C'est à cause de l'extrême petitesse des atomes que la loi d'*Avogadro-Ampère,* apparemment si surprenante, est en fait vérifiée.

loi d'avogadro-ampère

Loi quantitative

Une mole d'un composé gazeux occupe à 0°C sous une ☐☐☐
pression de 1 atmosphère un volume de 22,4 l.

Ce n'est pas rigoureusement exact. C'est en fait 22,42 l pour H_2, 22,40 l pour N_2, 22,39 l pour O_2... mais une telle précision n'est jamais atteinte en chimie.

Pour le chimiste, quel que soit le gaz à $T = 0°C$ et $P = 1$ atm, on utilisera comme *volume molaire* 22,4 l.

Densité d'un gaz

La densité des liquides et des solides est donnée par rapport à l'eau : c'est pratique et fort utile. Pour les gaz, environ mille fois plus légers, l'eau est une référence peu commode. Par convention, on compare les gaz à un autre gaz fort courant : l'air.

● **Définition.** La densité d'un gaz par rapport à l'air est le rapport de la masse d'un certain volume du gaz à la masse d'un égal volume d'air, dans les mêmes conditions de température et de pression. Il faut savoir qu'un litre d'air à une masse de 1,293 g, donc 22,4 l d'air ont une masse de : $22,4 \times 1,293 = 28,96 = 29$ g.

Il est aisé de connaître la masse de 22,4 l d'un gaz pur donné : c'est la masse d'une mole que l'on déduit aisément du tableau périodique, soit M.

La densité d'un gaz de masse molaire M est : $d = \dfrac{M}{29}$

Pour le dioxyde de carbone CO_2 $\qquad M = 44$ et $d = \dfrac{44}{29} = 1,52$

Pour l'hydrogène H_2 $\qquad M = 2$ et $d = \dfrac{2}{29} = 0,069$

Pour l'air $\qquad\qquad\qquad\qquad\qquad d = 1$

Grandeurs macroscopiques : état d'un gaz

Grandeur	notée	unité légale	exemple
Température	T	K *Kelvin*	L'eau gèle à 273 K et bout à 373 K à P = 1 atm.
Pression	P	Pa *Pascal*	1 atm = 10^5 Pa
Volume	V	m^3 mètre cube	1 m^3 = 1 000 l

Pour une masse donnée de gaz, la variation d'une des grandeurs entraîne la variation d'au moins une des deux autres grandeurs. Il existe une relation entre ces trois grandeurs macroscopiques (P,V,T) :

 $$\frac{PV}{T} = \text{Constante : c'est } \textit{l'équation d'état.}$$

 Que vaut la constante ?

Pour une mole de gaz, la constante vaut :
$$R = 8,31 \text{ Joule} \cdot K^{-1} \cdot mol^{-1}$$
R est la *constante des gaz parfaits.*

**Pour n moles de gaz,
l'équation d'état prend la forme : P V = n R T**

On peut calculer approximativement R de la manière suivante : on sait qu'à $0°C$ soit 273 K sous une pression de 1 Atm soit 100 000 Pa, une mole de gaz occupe un volume de 22,4 l soit 0,0224 m^3, d'où :

$$R = \frac{PV}{nT} = \frac{100\,000 \times 0,0224}{1 \times 273} = 8,2 \text{ J} \cdot K^{-1} \cdot mol^{-1}$$

Il faut une très grande précision sur les mesures de P, V et T pour montrer que les gaz réels ne suivent pas la loi des gaz parfaits (PV=nRT). Cette précision n'est jamais utilisée en chimie.

Pour nous, tous les gaz sont parfaits.

Problèmes à résoudre

● 1. On connaît les trois grandeurs P_o, V_o, T_o, pour un état d'un système et on cherche à déterminer pour un autre état du même système une des grandeurs, les deux autres étant connues.

● **Exemple :** 1er état Po, Vo, To

2e état P, ? , T, pour le **même** système

La relation : $\dfrac{PV}{T} = C^{te}$ s'écrit : $\dfrac{Po\ Vo}{To} = \dfrac{PV}{T}$

d'où $V = \dfrac{T}{To} \cdot \dfrac{Po}{P} \cdot Vo$

T doit être rigoureusement exprimé en kelvin alors qu'il suffit que P et Po soient exprimés avec la même unité, V et Vo seront donc exprimés dans la même unité.

● 2. On donne deux grandeurs (ex. V et T) ainsi que le nombre de moles n du système et on demande la troisième P.

● **Exemple :** Quelle est la pression d'un système de 3 moles de gaz à 400 K contenues dans un volume de 46 l ?

On reporte dans l'équation d'état $PV = nRT$.

On trouve 216000 Pa soit 2,16 atm.

On pourrait se ramener au premier cas en considérant un état connu d'un gaz parfait soit (p. 8) :

Po = 1 atm, Vo = 22,4 l, To = 273 K, et n_o = 1 mole.

On trouve $P = \dfrac{n \cdot T \cdot Vo \cdot Po}{n_o \cdot To \cdot V} = 2{,}16$ atm.

● 3. **Cas particulier :** si T est constant entre plusieurs états, on applique la relation de *Mariotte :* $P \cdot V = $ Constante.

Unités de pression

● **Exemple de la pression atmosphérique :**

1 Atm =   760 mm de mercure = 101300 Pa = 1,013 *bar*
        = 1013 *millibars*   =   760 *Torrs*

Toutes ces unités sont couramment employées suivant les utilisateurs (chimiste, météorologiste, industriels...) ; mais dans l'équation d'état seul le pascal doit être utilisé.

L'atome

C'est un système très petit (10^{-10} m et 10^{-25} à 10^{-27} kg) constitué de protons, de *neutrons* et d'électrons. Un atome est électriquement neutre bien que ses constituants *protons* et *électrons* soient chargés. Le chimiste s'intéresse surtout aux électrons et non au *noyau*. Un atome a au maximum une centaine d'électrons en perpétuels mouvements autour du noyau.

Identification d'un atome

$$_Z^M A$$

A = symbole de l'élément chimique.
Z = numéro atomique de l'élément.
= nombre de protons = nombre d'électrons
M = nombre de masse
= nombre de protons + neutrons.

● **Exemple :** $_{11}^{23}$ Na identifie l'atome de sodium qui a 23 pour nombre de masse soit 11 *protons* et 12 *neutrons* dans le noyau.

 ### Isotopes

 On appelle isotopes deux atomes ayant même nombre de *protons* mais un nombre différent de neutrons.

Les isotopes de l'hydrogène sont :

$_1^1$H   1 proton + 0 neutron + 1 électron (c'est le plus abondant dans la nature)

$_1^2$H   1 proton + 1 neutron + 1 électron (on l'appelle *Deutérium,* symbole D)

$_1^3$H   1 proton + 2 neutrons + 1 électron (c'est le *Tritium* (T), isotope radioactif).

Couche électronique, niveau d'énergie

Plus un électron est loin du noyau, et moins il y a d'interaction électrique entre noyau et électron.

Nous admettons qu'il y a un certain nombre de niveaux d'énergie que l'électron peut occuper.

Sur le niveau d'énergie n, il y a au plus $2n^2$ électrons ; expérimentalement on constate que la *couche K* est saturée avec 2 électrons et L avec 8. Le remplissage des niveaux suivants est plus complexe.

Energie de l'électron

électron très loin du noyau

niveau M n = 3
niveau L n = 2

niveau K n = 1
(premier niveau)

On a une grande stabilité avec 8 électrons sur M (Argon) : K et Ca ont respectivement 1 et 2 électrons sur N bien que M soit incomplète. C'est seulement après Ca (Sc, Ti...) que le niveau M continue de se remplir.

● **Exemple :** Pour retrouver la structure de l'atome $_{15}^{31}$ P, il faut dire : ce noyau est constitué de 15 protons et de 31-15 neutrons. Les 15 électrons occupent les couches en commençant toujours par le cœur.

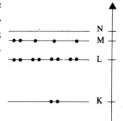

● **Remarque :** On admet que sur les couches L et M il y a 4 *cases* de 2 places.

Atomes excités

Les couches ou niveaux d'énergie existent même s'il n'y a aucun électron sur ce niveau d'énergie. Si on fournit de l'énergie à un atome, un électron d'un niveau n_o va quitter ce niveau et aller sur un autre niveau n_1 ($n_o < n_1$) ; on dit que l'atome est excité. Il revient dans son *état fondamental* en émettant de la lumière (caractéristique pour chaque atome) ou par l'intermédiaire des atomes ou molécules l'environnant.

4 ♣ classification périodique

Il faut connaître les 20 premiers éléments de la classification périodique. Des phrases mnémotechniques permettent de les retrouver facilement. Pour les 2ème et 3ème lignes du tableau périodique des éléments :

LIli BEcta Bien Chez Notre Oncle Ferdinand NEstor.

NApoléon ManGea ALlègrement SIx Poulets Sans CLaquer des ARticulations.*

La périodicité dans les propriétés chimiques

Les éléments d'une même colonne ont même nombre d'électrons sur leur dernière couche. Les liaisons chimiques entre atomes ne faisant intervenir que les électrons de cette dernière couche, **on retrouve de nombreuses propriétés analogues le long d'une même colonne.**

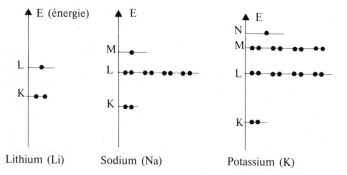

Lithium (Li)   Sodium (Na)   Potassium (K)

Li, Na et K se ressemblent chimiquement : ils ont tous un seul électron sur leur dernière couche.

Certaines colonnes portent un nom de famille usuel :

1ère colonne : les *alcalins*
2ème colonne : les *alcalino-terreux*
7ème colonne : les *halogènes*
8ème colonne : les *gaz rares.*

---

*Des phrases de ce type, non expurgées, permettent de retrouver tout le tableau ; pour les connaître, demandez-les à votre professeur ou écrivez aux auteurs...

Périodicité dans les rayons atomiques

Ils diminuent le long d'une ligne depuis les alcalins jusqu'aux gaz rares. On explique la diminution du rayon atomique par l'augmentation de la force électrostatique du noyau de plus en plus chargé sur les électrons. Le rayon atomique augmente en descendant le long d'une colonne.

Périodicité dans les énergies d'ionisation

● **Définition :** L'énergie d'ionisation est l'énergie qu'il faut fournir à un atome pour lui arracher un électron. Cet électron n'appartient plus à l'atome.
Les énergies d'ionisation augmentent :
pour une colonne, du bas vers le haut,
pour une ligne, de la gauche vers la droite.

● **Remarque :** Les gaz rares réagissent difficilement avec les autres éléments.

Ils ont leur dernière couche saturée à 8 électrons, ceci **est un gage de stabilité.**

Les éléments voisins de chaque gaz rare vont évoluer au cours des réactions chimiques de façon à avoir une structure électronique identique à celle du gaz rare le plus voisin : c'est la règle de l'*octet*.

● **Exemple de périodicité et d'utilité du tableau de Mendeleev.**

Si les éléments chimiques étaient rangés à la queue-leu-leu, par numéro atomique croissant (sans périodes), on ne remarquerait pas facilement que les n° 9, 17 et 35 qui s'appellent fluor, chlore et brome se retrouvent dans des molécules semblables HF, HCl et HBr.
De même, les n° 4, 12 et 20 forment les ions divalents Be^{2+}, Mg^{2+}...
Plus généralement, les chimies de l'azote, du phosphore et de l'arsenic ont de nombreux points communs, et il en est ainsi pour toutes les colonnes.

Formation d'ions

Si un atome de sodium perd un électron, il devient un *ion* sodium positif appelé le *cation* sodium Na$^+$ (le signe + indique que ce cation porte une charge +e $= +1,6 \cdot 10^{-19}$ C).

Si un atome de chlore gagne un électron, il devient un ion chlore négatif appelé l'*anion* chlorure Cl$^-$ (le signe − indique que cet anion porte une charge −e $= -1,6 \cdot 10^{-19}$ C).

Interaction de charge

Un cation Na$^+$ et un anion Cl$^-$ vont s'attirer comme s'attirent une charge positive et une charge négative (force de Coulomb).

Cette interaction qui maintient les deux ions en contact crée une liaison chimique ionique.

Le cristal de chlorure de sodium

Un grain de sel de cuisine est constitué d'un très grand nombre de Na$^+$ et de Cl$^-$, tous au contact les uns des autres. L'arrangement tri-dimensionnel est le suivant :

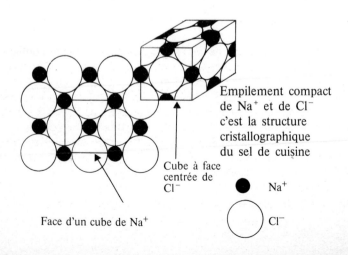

Empilement compact de Na$^+$ et de Cl$^-$ c'est la structure cristallographique du sel de cuisine

Cube à face centrée de Cl$^-$

● Na$^+$

○ Cl$^-$

Face d'un cube de Na$^+$

On appelle cette structure une structure *cubique face centrée* (on peut retrouver l'empilement des cubes de Cl^- avec, en plus, un Cl^- au centre de chaque face du cube, de même pour Na^+, les cubes étant entremêlés avec un ordre parfait).

Si l'on fait fondre du chlorure de sodium, on obtient un liquide où l'on conserve les interactions (Cl^- Na^+) mais le cristal est détruit. On est passé d'une structure *ordonnée* à une structure *désordonnée*.

Structure électronique des ions

$^{23}_{11}Na$ n'a qu'un électron sur la couche M. Il peut être cédé
$Na \rightarrow Na^+ + 1$ électron

$^{35}_{17}Cl$ peut gagner un 18ème électron
$Cl + 1$ électron $\rightarrow Cl^-$

Les structures électroniques sont :
pour Na^+ 2 électrons sur K, 8 sur L, 0 ailleurs
pour Cl^- 2 sur K, 8 sur L, 8 sur M, 0 ailleurs.

● **Remarque :** Les ions, une fois formés, possèdent la même configuration électronique que le gaz rare voisin (p. 15). Ainsi K^+, Cl^- et Ar ont le même nombre d'électrons répartis sur les mêmes niveaux électroniques. Les *rayons X,* sensibles au cortège électronique des ions d'un cristal, ne permettent pas de différencier K^+ et Cl^-. (Les rayons X permettent par contre de distinguer Na^+ et Cl^-.)
Quand on passe de l'atome à l'ion, on observe une très grande modification du volume occupé.
Les rayons des atomes et des ions de K et Cl sont :

$r_K = 2{,}27$ Å $\quad r_{K^+} = 1{,}44$ Å

1 Å $= 10^{-10}$ m.

$r_{Cl} = 1{,}00$ Å $\quad r_{Cl^-} = 1{,}70$ Å

La liaison H−H

Dans la molécule de *dihydrogène* (H_2), ce n'est pas une interaction H^+ H^- qui crée la liaison.

Les deux atomes d'hydrogène mettent leur électron en commun. Les 2 électrons se trouvent localisés entre les 2 atomes, et au voisinage.

Cette mise en commun maintient les atomes en contact et crée une liaison chimique covalente.

- Noyau H
- Endroit où sont localisés les électrons.

On rencontre ce type de liaison dans beaucoup de molécules ;

- **Exemples :** H_2 Cl_2 H_2O CH_4 C_2H_6 HCl CO_2

Caractéristiques de liaison chimique covalente

On caractérise une liaison par les paramètres :

a. énergétique : force de liaison

b. géométrique : longueur de liaison
angles avec les liaisons voisines (p. 56).

- **Exemple :** la molécule d'*ammoniac* (NH_3)

On ne représente que les électrons de H et les électrons L de N.

$d (N-H) = 10^{-10}$ m

$H-N-H = 107°$

Dans l'ammoniac il y a "deux sortes d'électrons" :

a. Les *électrons liants* (3 paires) qui forment les 3 liaisons N−H et appartiennent à la fois à N et à H. On les symbolise par −.

b. Les électrons non liants qui appartiennent à N seul.

Le *doublet libre* non liant donne à la molécule d'ammoniac des propriétés très intéressantes ; il est responsable du caractère basique de la molécule (p. 30).

● L'oxygène a 6 électrons sur sa couche L.

O complète aisément à 8 sa couche externe en créant 2 liaisons covalentes.

Il lui reste donc deux doublets libres comme dans la molécule d'eau (p. 57).

$$H \overset{\displaystyle \ddot{O}}{\diagdown} H$$

● Le carbone a 4 électrons sur sa couche L. Il sera toujours au centre de 4 liaisons.

C possédera ainsi 8 électrons sur sa couche externe, 4 initialement à lui et 4 apportés par les atomes liés.

Électronégativité et liaison polarisée

● **Définition :** Un élément électronégatif* a tendance à attirer les électrons d'une liaison covalente. Cette liaison est alors POLARISÉE :

On note $^{\delta +}H - F^{\delta -}$ **

● **Règles :**

a. Dans une même ligne du tableau périodique, l'élément le plus électronégatif est à droite (gaz rare excepté).

b. Dans une même colonne, l'élément le plus électronégatif est en haut.

C'est donc le *Fluor* qui est le plus électronégatif des éléments.

Par analogie, on définit l'électropositivité.

Le potassium et le césium sont les éléments les plus électropositifs.

● **Propriétés importantes :** H, C et S ont quasiment la même électronégativité. Donc la liaison $C - H$ n'est pas polarisée. On en déduit aisément le sens de polarisation des liaisons $O - H$, $N - H$ et $Cl - H$.

---

*Cl est un atome électronégatif
 Cl^- est un ion négatif.

**(δ^-) représente un petit excédent de charge négative (environ 0,2 électron pour $H - F$).

♣ Les trois états de la matière

Solide (=S) ; *Liquide* (=L) ; *Gaz* (=G).

	Voisinage d'une molécule	Mouvement d'une molécule	Interaction entre molécules
S	il y a contact avec les molécules voisines	pratiquement immobile	forces intermoléculaires très grandes (état condensé)
L		en déplacement (chocs permanents)	forces intermoléculaires grandes (état condensé)
G	pratiquement plus de contact (sauf chocs)	en déplacement très rapide (chocs espacés)	pas de forces intermoléculaires (état non condensé)

♣ Changement d'état

Dans le sens des doubles flèches, il faut fournir de l'énergie au système qui change d'état.

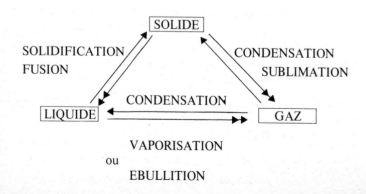

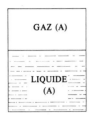

Si on introduit un liquide pur dans un récipient vide et fermé, ce liquide se vaporise partiellement. Cette vaporisation s'arrête lorsque la pression au-dessus du liquide vaut Ps. Ps est la *pression de vapeur* saturante dont la valeur dépend du liquide et augmente avec la température. Si le récipient est ouvert, Ps ne peut être atteinte et tout s'évapore.

Différence entre Vaporisation et Ébullition.
A l'air libre, il y a vaporisation à toutes les températures et ébullition dès que Ps = 1 atmosphère.

On observe aussi une pression de vapeur saturante Ps au-dessus des solides. Exemple : au-dessus de la *glace* à $0°$ C, il y a de la vapeur d'eau : Ps = 4,6 mm de mercure.

● **Changement d'état et constante physique.** A une pression donnée, la température de fusion ou de solidification, d'un corps pur est constante.

Tant qu'il y aura en même temps de l'eau et de la glace (à l'équilibre), le thermomètre indiquera 0° C.

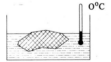

A une pression donnée, la température d'ébullition d'un corps pur est constante. A l'ébullition, il se forme des bulles de vapeur au sein de l'eau liquide.

Pendant toute l'ébullition, les deux thermomètres indiquent 100° C.

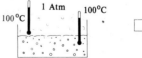

Qu'observe-t-on aux températures autres que $0°$ C et $100°$ C pour l'eau sous la pression atmosphérique ?

● **Exemples :** a. à $-5°$ C, on n'a que de la glace et de la vapeur ;

b. à $120°$ C, on n'a que de la vapeur ;

c. à $12°$ C, on n'a que de l'eau et de la vapeur.

● **Définitions**

a. Corps pur : système solide, liquide ou gazeux où toutes les molécules sont identiques. Fer, hélium, sucre...

b. Corps pur simple : (CPS). Les atomes constituant la molécule sont tous identiques.

c. Corps pur composé : (CPC). Un atome au moins est différent des autres.

● **Exemples :**

	molécule mono-atomique	molécule diatomique	molécule triatomique	molécule tétra-atomique
CPS	gaz rares (He, Ne ...)	O_2, N_2 Br_2 ...	O_3 (ozone ou trioxygène)	(exceptionnel)*
CPC	(impossible)	CO (monoxyde de carbone)	H_2O, H_2S CO_2 ...	NH_3 (ammoniac) C_2H_2, UO_3

a. Mélanges : système constitué de plusieurs corps purs.

b. Mélange *homogène* : il n'y a qu'une seule phase ; eau salée, fonte, air. (Un mélange gazeux est toujours homogène.)

c. Mélange *hétérogène* : il y a plusieurs phases ; eau + huile, granit, eau savonneuse...

Propriétés physiques d'un corps pur

 Les propriétés d'un corps pur sont constantes et le caractérisent.

Elles sont directement liées à la nature des atomes qui constituent la molécule, ainsi qu'à leur position dans l'espace.

---

* Il existe néanmoins des molécules polyatomiques de CPS ; exemple : S_8 est la forme la plus courante du soufre.

● **Exemple de l'eau pure sous 1 atmosphère :**

Température de fusion $0°C$
Température d'ébullition $100°C$
Masse volumique 1000 kg/m^3
Indice de réfraction $1,33$
Chaleur massique $4180 \text{ J·kg}^{-1}\text{·K}^{-1}$

Séparation des différents constituants d'un mélange

Des corps purs différents ont des propriétés différentes.

On peut séparer un ou plusieurs constituants d'un mélange en agissant expérimentalement sur une des propriétés physiques.

● *Décantation :* mélange eau - huile ; on utilise cette propriété : les 2 corps non *miscibles* * ont des masses volumiques différentes.

● *Distillation :* prenons le cas d'un mélange liquide équimolaire de 2 constituants *miscibles* ayant des températures d'ébullition différentes ; la vapeur au-dessus du mélange sera plus concentrée (plus riche) en constituant le plus volatil.
Si cette vapeur est condensée à part, et ensuite soumise à une nouvelle ébullition, la vapeur résultante sera encore plus riche en constituant le plus volatil. Ceci est le principe de la distillation.

Pureté

Certaines expériences exigent des produits très purs. On indique le *grade de pureté* en exprimant la quantité d'impureté en *ppm* (partie par million).
1 ppm = 0,0001 %
On utilise parfois le *ppb* (partie par billion).
1 ppb = 0,0000001 %.
Il est parfois impératif pour des scientifiques ou des industriels de maîtriser la pureté de leurs produits : environ 1 ppm d'impureté en polymérisation, moins d'1 ppb dans la fabrication des diodes, transistors...

*Deux liquides sont *miscibles* s'ils sont solubles en toute proportion : comme l'éthanol et l'eau.

L'eau pure* conduit faiblement le *courant électrique. Cette conduction* ne peut être assurée que par des corps chargés se déplaçant. Les molécules d'eau qui sont électriquement neutres, ne peuvent pas transporter l'électricité. Il y a donc dans l'eau pure autre chose que des molécules H_2O ; ce sont des ions *hydroxyde* OH^- et *hydronium* H_3O^+. Ces ions proviennent de la réaction d'*autoprotolyse* de l'eau

$$H_2O + H_2O \rightleftharpoons H_3O^+ + OH^- \qquad (I)$$

Ces ions sont présents dans l'eau pure en très faible quantité. A chaque fois qu'on forme un ion H_3O^+ on forme un ion OH^-. Dans l'eau pure à 25°C on trouve expérimentalement

$$(H_3O^+) = (OH^-) = 10^{-7} \ mol \cdot 1^{-1}.$$

Certaines substances ajoutées à l'eau peuvent augmenter les proportions d'ions H_3O^+ ou d'ions OH^-. On les appelle respectivement des *acides* et des *bases*.

Définition du pH :

Le pH (nombre sans unité) mesure la quantité d'ions H_3O^+ présents dans 1 litre de solution aqueuse. On pose par définition $(H_3O^+) = 10^{-pH}$. Cette définition est toujours valable.
Dans le cas de l'eau pure à 25°C
$(H_3O^+) = 10^{-7} \ mol \cdot 1^{-1}$ d'où pH = 7.
Nous n'étudierons que les pH compris entre 1 et 13. Les pH inférieurs à 1 et supérieurs à 13 existent et sont obtenus avec des solutions très concentrées dont l'étude n'est pas au programme.

Définitions :

Un *acide* de BRONSTED est un composé qui libère des H_3O^+.
Quand on ajoute un acide à une solution, le pH de celle-ci diminue ; (H_3O^+) augmente ; (OH^-) diminue.

---

*L'eau "parfaitement pure" n'existe pas ! La mesure de la conductivité d'eaux de plus en plus pures permet d'affirmer qu'à la limite, la conductivité de l'eau pure n'est pas nulle.

Une base de BRONSTED est un composé qui capte des H_3O^+. Quand on ajoute une base à une solution, le pH de celle-ci augmente; (H_3O^+) diminue; (OH^-) augmente.

● **Exemples**

Le *chlorure d'hydrogène,* l'*acide nitrique,* l'*acide sulfurique* sont des acides de BRONSTED. Dans l'eau on a :

$$HCl + H_2O \rightarrow H_3O^+ + Cl^-$$
$$HNO_3 + H_2O \rightarrow H_3O^+ + NO_3^-$$
$$H_2SO_4 + 2 H_2O \rightarrow 2 H_3O^+ + SO_4^{2-}$$

Soude (NaOH) et *potasse* (KOH) ne sont pas des bases de Bronsted*; dans l'eau on a :

$$NaOH \rightarrow Na^+ + OH^- \text{ et } KOH \rightarrow K^+ + OH^-.$$

Elles libèrent OH^- dans l'eau.
L'ion OH^- est une base de Bronsted; en effet :

$$OH^- + H_3O^+ \rightarrow H_2O + H_2O.$$

Tableau à connaître par cœur

Concentration en H_3O^+ (mol·l⁻¹)	pH de la solution	Concentration en OH^- (mol·l⁻¹)	pH de la solution
1/10	1	1/10	13
1/100	2	1/100	12
1/1000	3	1/1000	11

La partie gauche du tableau provient de la définition du pH ; la partie droite ne peut être que vérifiée à ce stade du programme. On mesure pour cela, grâce à un *pH-mètre,* le pH de solutions préparées convenablement.
(Ne pas étendre les valeurs du tableau à des concentrations plus diluées que 10^{-5} mol·l⁻¹ ou plus concentrées que 10^{-1} mol·l⁻¹.)

*Dans la soude solide NaOH il y a déjà les ions Na^+ et OH^-.

● La définition du pH de la page 24 est aisément transformée en passant au logarithme*.

$$pH = -\log(H_3O^+)$$

Produit ionique de l'eau

L'équilibre d'*autoprotolyse* de l'eau :

$$H_2O + H_2O \underset{2}{\overset{1}{\rightleftharpoons}} H_3O^+ + OH^- \qquad (I)$$

est caractérisé par une constante Ke appelée produit ionique de l'eau ; $Ke = (H_3O^+) \cdot (OH^-) = 10^{-14}$ à 25° C.

On précise la température car Ke varie sensiblement avec la température ; $Ke = 10^{-13}$ à 60° C et $Ke = 10^{-15}$ à 0° C.

Utilité du produit ionique dans les exercices

On met un corps A dans de l'eau pure : que devient le pH ?

Pour résoudre ce genre d'exercice, il faut :

a. Définir l'état initial, ici eau pure, donc $(H_3O^+) = (OH^-) = 10^{-7}$ mol·l^{-1} (p. 24).
b. Définir l'état final, le corps A est dans l'eau.
Puis il faut répondre aux questions :
c. Est-il soluble ?
d. Est-il dissocié ?
e. Les produits ajoutés perturbent-ils l'équilibre ionique de l'eau ?

Ce n'est qu'après avoir répondu à ces questions que l'on peut commencer le traitement quantitatif du problème.

Exercice 1 : solution acide

On dissout 2,24 l de chlorure d'hydrogène dans 1 l d'eau pure : quel est le pH de la solution obtenue ?

---

*En mathématique, on ne prend que le log de réels positifs sans unités. Dans le calcul du pH, on prend le log du réel qui exprime la concentration en mol·l^{-1}. Pour des raisons analogues, le produit ionique de l'eau, 10^{-14}, est un nombre sans unités alors qu'il pourrait être exprimé en mol^2·l^{-2}.

● **État initial :** eau pure, $(H_3O^+) = (OH^-) = 10^{-7}$ mol·l^{-1}

● **État final :** on a ajouté 2,24 l soit 0,1 mol de HCl. Est-il soluble ? Oui (p. 118). Est-il dissocié ? Oui (p. 25), selon la réaction totale :

$$HCl + H_2O \rightarrow H_3O^+ + Cl^- \qquad \text{(II)}$$

Les produits ajoutés perturbent-ils l'équilibre ionique de l'eau ? (C'est Cl^- et H_3O^+ qu'on a ajoutés.)
Cl^- ne pourrait agir que sur H_3O^+ mais c'est impossible.
H_3O^+ intervient dans l'équilibre ionique de l'eau. Les ions Hydronium ajoutés vont réagir sur les ions hydroxydes de l'eau. L'équilibre (I) va donc se déplacer dans le sens 2. Le nombre de OH^- diminue donc $(OH^-) < 10^{-7}$ et le milieu devient acide.

● **Calcul du pH :** il faut recenser les ions H_3O^+ du milieu. Ceux dus à l'eau sont en quantité négligeable. (Il y a en a autant que de OH^- soit moins de 10^{-7} mol·l^{-1}.) Ceux apportés par HCl : d'après (II) il y en a autant que de HCl ajouté, soit 0,1 mol dans 1 l

donc $(H_3O^+) = 0,1$ mol·l^{-1} et pH = 1.

On détermine (OH^-) grâce au produit ionique de l'eau.
$(H_3O^+) \cdot (OH^-) = 10^{-14}$ d'où $(OH^-) = 10^{-13}$ mol·l^{-1}.
Ce qui vérifie les approximations faites.

Exercice 2 : solution basique

On dissout 0,4 g de *soude* dans 1 l d'eau : quel est le pH de la solution obtenue ?

Faites vous-même un raisonnement analogue au précédent. Il faut trouver $(OH^-) = 0,01$ mol·l^{-1}. Puis grâce au produit ionique en déduire (H_3O^+) et pH. Soit pH = 12.

L'équilibre d'autoprotolyse de l'eau a une constante $Ke = 10^{-14}$ à 25°, ce qui traduit une ionisation extrêmement faible.
Que se passe-t-il si on mélange une solution acide avec une solution basique, c'est-à-dire si l'on fait réagir des ions H_3O^+ avec des ions OH^-?

Expérience 1

A 100 cm^3 de solution centimolaire d'acide chlorhydrique on ajoute 12 cm^3 de solution décimolaire de base (solution de soude).

On observe expérimentalement un dégagement de chaleur. Une fois la solution refroidie, on mesure le pH (à l'aide d'un pH-mètre) : pH = 11,3.

Expliquer ces phénomènes.

$(H_3O^+) = 0,01$ M
$\Rightarrow (OH^-) = 10^{-12}$ M
$Va = 100$ cm^3
soit 10^{-3} mol d'H_3O^+
et 10^{-13} mol d'OH^- *

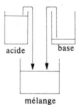

acide   base

mélange

$Vb = 12$ cm^3
$1,2 \ 10^{-15}$ mol d'H_3O^+
$1,2 \ 10^{-3}$ mol d'OH^-

$100 + 12 = 112$ cm^3

On a mélangé les deux solutions. **Supposons qu'il n'y ait aucune réaction ;** dans les 112 cm^3 de solution on aurait :
$10^{-3} + 1,2 \ 10^{-15} = 10^{-3}$ mol d'H_3O^+ soit $(H_3O^+) = 8,9 \ 10^{-3}$ M
de même on aurait $(OH^-) = 10^{-2}$ M

On ne peut avoir ces deux valeurs car pour tout pH on a :
$(H_3O^+) \cdot (OH^-) = 10^{-14}$

Il y a donc eu réaction avec consommation d'autant d'H_3O^+ que de OH^- suivant la réaction exothermique
$H_3O^+ + OH^- \rightarrow H_2O + H_2O + CHALEUR$.
C'est le sens 2 de l'*autoprotolyse* de l'eau (p. 26).

---

* Le produit 10^{-3} x 10^{-13} est différent de 10^{-14} : pourquoi ?

On considère que tous les H_3O^+ (en défaut par rapport aux OH^-) ont été consommés.

Il reste $1,2 \ 10^{-3} - 10^{-3} = 0,2 \ 10^{-3}$ mol d'OH^- dans 112 cm^3, soit $(OH^-) = 1,8 \ 10^{-3}$ M, d'où $(H_3O^+) = 10^{-14} / 1,8 \ 10^{-3}$

$(H_3O^+) = 5,6 \ 10^{-12}$ M et pH = 11,3

En résumé : la réaction se fait mole à mole.
   Si on a un excès d'H_3O^+ le pH final est < 7
   Si on a un excès d'OH^- le pH final est > 7
   Si on a $H_3O^+ = OH^-$ le pH final est 7

Expérience 2 : Dosage

On ajoute petit à petit la *soude* 0,1 M à 100 ml de cette solution d'acide chlorhydrique 0,01 M, en mesurant le pH en fonction du volume de base versée. On a la courbe :

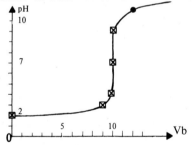

⊠ points calculés dans le tableau

● point représentant l'état du mélange de l'expérience 1

volume de base ajoutée en cm^3	0	9	9,9	10	10,1
nombre de OH^- versé en mol	0	$9 \ 10^{-4}$	$9,9 \ 10^{-4}$	10^{-3}	$10,1 \ 10^{-4}$
nombre de H_3O^+ restant en mol	10^{-3}	10^{-4}	10^{-5}	0 ?*	**
(H_3O^+) en mol l^{-1} pH	10^{-2} 2	10^{-3} 3	10^{-4} 4	10^{-7} 7	10^{-10} 10

*Ce n'est pas 0 mole car il reste des H_3O^+ comme dans l'eau pure.
**Il y a un excès de $0,1 \ 10^{-4}$ mole de OH^-.

♡

Acide et base faible

● **Définition :** Dans l'eau, un acide faible donne des ions H_3O^+ suivant la réaction **réversible :**

$AH + H_2O \rightleftharpoons H_3O^+ + A^-$

A^- est la base conjuguée de l'acide AH

AH est l'acide conjugué de la base A^-

AH/A^- forme un *couple acide-base*.

AH est la *forme acide* et A^- la *forme basique* du couple.

♡

Tableau des acides et des bases

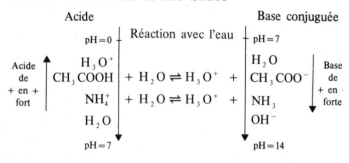

	Acide			Base conjuguée	
	pH=0	Réaction avec l'eau		pH=7	
Acide de + en + fort	H_3O^+			H_2O	Base de + en forte
	CH_3COOH	$+ H_2O \rightleftharpoons H_3O^+ +$		CH_3COO^-	
	NH_4^+	$+ H_2O \rightleftharpoons H_3O^+ +$		NH_3	
	H_2O			OH^-	
	pH=7			pH=14	

Les acides forts (HCl, HNO_3, H_2SO_4...) ne peuvent être placés dans ce tableau, car **ils sont totalement dissociés dans l'eau.** Au sens de Bronsted, la soude n'est pas une base. Elle libère OH^- et **c'est OH^- qui est une base.** Dans ce cas, on a dans l'eau OH^-, un *ion neutre* (Na^+, K^+...), et H_3O^+ *ultraminoritaire*.

Cl^-, NO_3^-... sont aussi des ions neutres.

La ligne de l'*acide éthanoïque* indique que CH_3COOH est un acide faible partiellement dissocié : couple du type AH/A^-.

La ligne de l'*ammoniac* indique que NH_3 est une base faible : couple du type BH^+/B.

Dans ce cas, c'est l'acide BH^+ qui porte une charge alors que c'est la base dans AH/A^-.

Utilisation de ce tableau

Exemple : on dissout du chlorure d'ammonium dans l'eau pure. Comme toujours on définit l'état initial (p. 24, 26...) :

$H_2O + H_2O \rightleftharpoons H_3O^+ + OH^-$

$(H_3O^+) = (OH^-) = 10^{-7}$ mol$\cdot 1^{-1} \Rightarrow$ pH = 7.

État final : on ajoute NH_4Cl.
Il se dissout (c'est un CAC alcalin, v. p. 118).
Il se dissocie complètement (car l'ion Cl^- est un ion neutre).
$NH_4Cl \rightarrow Cl^- + NH_4^+$.

Les produits ajoutés perturbent-ils l'équilibre ionique de l'eau ? □□□

Cl^- : aucune action − c'est un ion neutre (v. tableau).
NH_4^+ : il peut réagir avec H_2O suivant la réaction du tableau
$NH_4^+ + H_2O \overset{1}{\underset{2}{\rightleftharpoons}} H_3O^+ + NH_3$.
Cet équilibre se déplace-t-il dans le sens 1 ou 2 ?

C'est un *équilibre* à 4 corps et pour qu'il y ait équilibre il faut que les 4 corps soient en présence (p. 114, 116). Il n'y a pas de NH_3 ; il faut donc en fabriquer. □□□

Donc il y a évolution dans le sens 1. On fabrique avec chaque NH_3 un H_3O^+. Le milieu devient acide ; on trouve, pour une solution molaire, avec le pH mètre pH = 4,5.

● **Remarque :** le tableau nous dit que NH_4^+ est un acide. On met cet acide (NH_4^+) et un ion neutre dans l'eau pure : il est normal que le pH devienne acide.

● **Note :** Une solution concentrée de *sulfate d'ammonium* $(NH_4)_2SO_4$ sent l'ammoniac, surtout si on chauffe. On a introduit NH_4^+, on sent NH_3 : la réaction a eu lieu dans le sens 1 comme prévu.
Pourquoi les solutions de chlorure d'ammonium chauffées ne sentent-elles pas l'ammoniac ?

Les acides faibles sont très nombreux ; on les rencontre petit à petit et leur connaissance n'est pas indispensable. Une bonne compréhension du tableau permet d'appliquer le raisonnement précédent à tous les acides faibles.

♡

Définition du pK

● **Expérience**

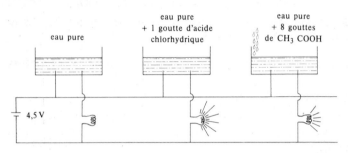

eau pure

eau pure
+ 1 goutte d'acide
chlorhydrique

eau pure
+ 8 gouttes
de CH_3COOH

4,5 V

La lampe
ne brille pas.

1 goutte suffit
pour faire briller
fortement la lampe.

Il faut de nombreuses
gouttes pour que la
lampe brille un peu.

Dans le cas de l'eau pure 1 molécule sur 550 000 000 est *dissociée* d'où la très faible conductivité. Dans le cas de l'*acide éthanoïque*, c'est une molécule d'acide sur 200 qui est dissociée.

● **Conclusion** : Dans l'eau pure il n'y a pas beaucoup d'ions (on le savait déjà, p. 24). Dans la solution d'acide chlorhydrique, il y a beaucoup d'ions. HCl est complètement dissocié.

Dans la solution d'acide éthanoïque, quelques ions seulement sont présents. Il est donc faiblement dissocié. Ce qui s'écrit :

$$CH_3COOH + H_2O \rightleftharpoons H_3O^+ + CH_3COO^{-*}$$

☐☐☐ **On caractérise cet équilibre par la relation**

$$K_a = \frac{(CH_3COO^-) \cdot (H_3O^+)}{(CH_3COOH)} = 1,6.10^{-5} \text{ (sans unité)}$$

---

* → Symbolise une réaction totale.
⇌ Symbolise une réaction partielle, donc un équilibre (p. 114).
** CAC = Composé Anion Cation.

K_a est la *constante d'acidité* de l'acide faible considéré.
On utilise souvent le pK_a de l'acide défini par :

$$pK_a = -\log K_a \ (= 4,8 \text{ pour } CH_3\,COOH)$$

K_a et donc pK_a ne dépendent ni du pH ni des proportions de CH_3COOH et de CH_3COO^-.

K_a est une constante donnée pour chaque acide faible. ☐☐☐

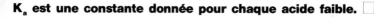

Cas plus général

Soit une base faible B que l'on dissout dans l'eau. Un raisonnement qualitatif (comme p. 31) permet de prévoir que le milieu devient basique. Du point de vue quantitatif, B est la base conjuguée de l'acide BH^+ (par définition), comme dans le tableau (p. 30) on a l'équilibre : $BH^+ + H_2O \rightleftharpoons B + H_3O^+$

On pose $K_a = \dfrac{(B)\cdot(H_3O^+)}{(BH^+)}$: c'est la constante d'acidité du couple BH^+/B.

• **Note importante : On écrit** *toujours* **la forme acide du** ☐☐☐ **couple dans le membre de gauche de l'équilibre, et on la retrouve** *toujours* **au dénominateur de la constante K_a.**

Espèces majoritaires, minoritaires, ultraminoritaires

• **Exemple :** On dissout dans de l'eau pure, une base A^- (sous la forme du CAC** : NaA). La solution préparée est 0,1 Molaire. Le pK du couple AH/A^- est 5,6.

La mesure expérimentale du pH donne : $pH = 9,3$.
Déterminer les espèces Major., minor. et U-minor.

$pH = 9,3 \Rightarrow (H_3O^+) = 10^{-9,3} = 5\cdot10^{-10}\,M$
d'où $(OH^-) = 2.10^{-5}\,M$

des deux relations $\begin{cases} (AH) + (A^-) = 0,1\ M \\ \dfrac{(A^-)}{(AH)} = \dfrac{K}{(H_3O^+)} \end{cases}$

on tire $(AH) = 2.10^{-5}\,M$ et $(A^-) \simeq 0,1\,M$.
A^- est Major., OH^- et AH sont minor., et H_3O^+ U-minor.
sans oublier l'ion neutre Na^+ majoritaire.

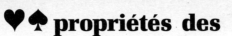

Comparaison de deux solutions acides de même molarité

Pour deux acides faibles de même concentration, celui qui est le plus dissocié a une constante K plus grande (donc un pK plus petit).

Pour l'acide éthanoïque : pK = 4,8

Pour l'acide chloroéthanoïque $CH_2ClCOOH$: pK = 2,9

$CH_2ClCOOH$ est plus dissocié que CH_3COOH. On dit que CH_3COOH est plus faible que $CH_2ClCOOH$ (évitons de dire moins fort).

 • Note : **Étant défini par un équilibre, pK n'a pas de sens pour un acide fort comme HCl qui dans l'eau est totalement dissocié.**

Dilution d'un acide

Lorsque l'on dilue 10 fois un acide fort, la concentration en H_3O^+ est divisée par 10, donc le pH augmente de 1 (ce que vérifie le pH mètre). Lorsqu'on dilue 10 fois un acide faible, l'expérience montre que le pH augmente de 0,5. Ceci est dû au fait qu'en diluant un acide faible, on augmente sa *dissociation*.

♠ *pH d'une solution d'acide faible connu*

Une solution d'acide faible de concentration (AH) a un pH donné par la formule :

$$pH = \frac{1}{2}(pK - \log(AH))$$ où pK est donné, caractéristique de l'acide faible considéré.

Cette formule qu'il ne faut pas savoir par cœur peut se démontrer et se vérifie expérimentalement.

Elle permet de vérifier la propriété de dilution énoncée ci-dessus.

Elle permet aussi de prévoir le pH initial lors du dosage d'un acide faible.

• **Remarque :** cette formule n'est pas toujours vérifiée, par exemple pour les pK faibles (pK < 2) ou pour les concentrations trop faibles (p. 127).

acides faibles

Indicateurs colorés

Certains acides faibles ont une propriété fort intéressante :

leur forme acide et leur forme basique n'ont pas la même couleur.

● **Exemple :** le *bleu de bromothymol* (noté BBTH)

$$BBTH + H_2O \rightleftharpoons BBT^- + H_3O^+$$

Son pK = 6,8 ; BBTH est jaune ; BBT⁻ est bleu.

Donc de pH 1 à pH 6 : BBTH est Major ; et la solution est jaune.

de pH 8 à pH 13 : BBT⁻ est Major ; et la solution est bleue.

entre pH 6 et pH 8 les deux formes sont présentes et la solution est verte.

Si l'on dose des H_3O^+ (de HCl) par des OH^- (de NaOH) en présence de quelques gouttes de BBTH, les OH^- doseront en priorité les H_3O^+ puis ensuite le BBTH. Le changement de couleur de la solution indique que tous les H_3O^+ sont dosés. Le dosage est alors terminé. (Il faut mettre une très petite quantité de BBTH : p. 139).

● **Autres indicateurs colorés :**

héliantine : rouge si pH < 3,2 et jaune si pH > 4,4 ;
phénol-phtaléine : incolore si pH < 8,2 et rose si pH > 10.

Solutions tampons

● **Définition :**

Ce sont des solutions dont le pH varie peu par adjonction d'une petite quantité d'acide ou de base.

Conséquence : la courbe de dosage (pH = f(V)) est relativement horizontale dans cette zone (p. 36).

C'est le cas à la *demi-équivalence* lors du dosage d'un acide faible ou d'une base faible.

On peut préparer une telle solution en dissolvant autant de moles d'un acide faible que de sa base conjuguée.
Le pH de telles solutions varie également peu par dilution.

♥ **courbes de dosage**

A = acide   F = fort   / = par
B = base   f = faible   Ve = volume à la *neutralisation*

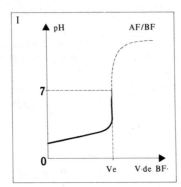

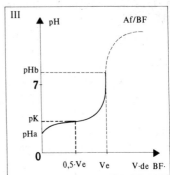

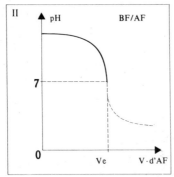

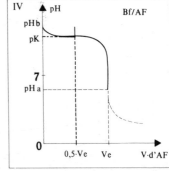

Les formules donnant pHa et pHb ne sont pas à retenir.

$$pHa = \frac{1}{2}(pK - 1og(Af)); \quad pHb = 7 + \frac{1}{2}(pK + 1og(BF))$$

(voir page 126).

Remarquez et retenez par cœur

a. Une certaine symétrie des courbes I et II d'une part et III et IV d'autre part.

b. Dans III et IV la zone tampon à la *demi-équivalence* (Ve/2) où pH = pK.

c. La brusque variation de pH au moment de l'*équivalence* (Ve).

d. Dans III et IV la brusque variation de pH au début du dosage caractéristique d'un Af ou d'une Bf.

e. La fin de la courbe (passé l'équivalence) est la même pour I et III (respectivement II et IV) et ne dépend que de la concentration de la base utilisée pour doser (respectivement de l'acide).

Pour l'expérimentateur qui fait le dosage, le saut de pH est le signe de la fin du dosage.

A ce moment précis la solution titrante doit être ajoutée lentement, goutte à goutte, pour ne pas "rater le virage".

La partie dosage est tracée en trait fort.
La partie en pointillé, en toute rigueur, ne fait pas partie du dosage ; elle est due à l'excès de réactif titrant.

● **Comparons le dosage de CH_3COOH par OH^- et de CH_3COO^- par H_3O^+**

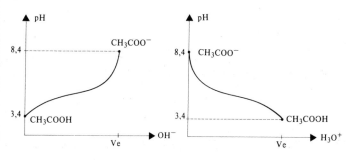

C'est la même courbe mais en "marche arrière".

On considère que les H_3O^+ du second dosage correspondent à une progression négative sur l'axe des OH^- du premier dosage.

◇ *Définition*

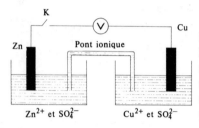

Si on ferme l'interrupteur K, l'aiguille du voltmètre dévie : cela indique que la lame de cuivre et la lame de zinc ne sont pas au même potentiel électrique.

L'ensemble est une pile (pile Daniell). Le voltmètre indique la *force électromotrice* (f.e.m.) de la pile.

On appelle demi-pile le système

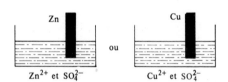

Le couple Ag/Ag^+ peut constituer une demi-pile ainsi que Fe/Fe^{2+} ...
La pile Daniell est la réunion des demi-piles $Zn/Zn^{2+} | Cu/Cu^{2+}$.

◇ *Association de plusieurs demi-piles*

Il est expérimentalement possible d'associer plus de deux demi-piles. Dans ce cas, chaque couple de pôles est considéré comme une pile. On peut brancher le voltmètre en deux points quelconques. On constate expérimentalement que l'on peut appliquer la relation de Chasles pour déterminer la f.e.m. de la pile considérée.

 Toutes les demi-piles doivent être reliées entre elles par un pont ionique.

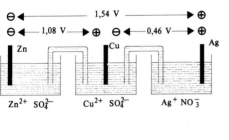

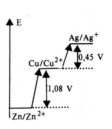

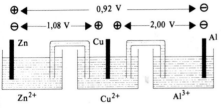

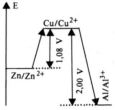

Montage expérimental

Position du potentiel des couples (p. 43)

Application de la relation de Chasles.
fem $(Zn/Zn^{2+} \mid Cu/Cu^{2+})$ + fem $(Cu/Cu^{2+} \mid Ag/Ag^+)$ =
fem $(Zn/Zn^{2+} \mid Ag/Ag^+)$.
Les f.e.m. sont comptées en valeurs algébriques.

● **Note :** Quand on mesure la fem de la pile "totale", la demi-pile intermédiaire n'intervient pas. La nature ionique de la solution assure néanmoins la continuité du courant électrique.

En physique on branche les piles en séries en reliant les électrodes par des fils conducteurs. (On n'utilise pas de demi-pile en physique.) La fem de plusieurs piles en séries est la somme algébrique des fem de chaque pile.

● **Remarque :** Si vous avez dans votre bouche des *plombages* (constitués de mercure, d'argent et d'étain), le contact avec du papier d'*aluminium* constitue une pile dont les effets sont désagréables.

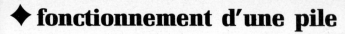

Exemple de la pile Daniell

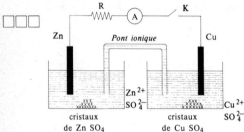

cristaux
de Zn SO₄

cristaux
de Cu SO₄

La pile débite un courant dans R.
Le courant circule du cuivre au zinc.
(Le potentiel du cuivre est plus élevé que celui du zinc.)

Porteurs de courant

Dans un *conducteur* métallique, ce sont les **électrons**. Dans une solution ionique, ce sont les **ions**.

● **Conducteurs métalliques (extérieurs à la pile)**

Un courant circule du cuivre au zinc (les électrons vont du zinc au cuivre).
A l'électrode de zinc des électrons sont créés par :

$$Zn \rightarrow Zn^{2+} + 2e$$

La masse de l'*électrode* de zinc diminue.
A l'électrode de cuivre, les électrons sont absorbés par :

$$Cu^{2+} + 2e \rightarrow Cu$$

La masse de l'électrode de cuivre, augmente. Le bilan est :

$$Zn + Cu^{2+} \rightarrow Cu + Zn^{2+}$$

(Il suffit d'éliminer les électrons des demi-équations.)
C'est la circulation de ces électrons à l'extérieur de la pile qui fait dévier l'ampéremètre.

● **Conducteur ionique (intérieur de la pile)**

Dans le compartiment zinc il y a création de Zn^{2+}, donc il y a un défaut d'ions SO_4^{2-}.

Dans le compartiment cuivre il y a disparition d'ions Cu^{2+}, donc on a un excès d'ions SO_4^{2-}.

Les ions SO_4^{2-} du compartiment cuivre vont migrer vers le compartiment zinc assurant ainsi la continuité du courant électrique (d'où nécessité absolue du pont ionique).

Schéma récapitulatif de la migration des porteurs de courant

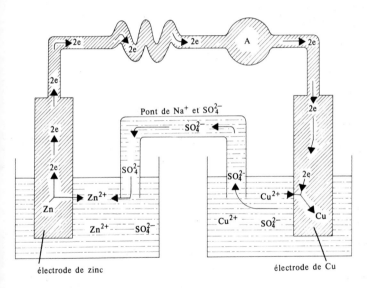

électrode de zinc   électrode de Cu

● **Origine de la f.e.m. de la pile**

L'expérience décrite (p. 42) montre que la réaction chimique se fait avec dégagement de chaleur. L'énergie chimique de la réaction se traduit par une élévation de température. Dans la pile Daniell c'est la même réaction globale ; l'énergie chimique apparaît presque toute sous forme de travail électrique (pensez à $W = EIt$ ou $P = EI$).

L'élément zinc existe sous forme métallique Zn ou sous forme ionique Zn^{2+}. Comment passer d'une forme à l'autre ? Il faut enlever deux électrons à chaque atome du métal (respectivement, ajouter 2 électrons à l'ion Zn^{2+}). On écrit : $Zn \rightleftharpoons Zn^{2+} + 2e$ (I)

C'est une *demi-équation rédox*. (Ce n'est pas une équation bilan chimique, à cause des électrons.)

Zn^{2+} est la *forme oxydée* (ou *oxydant*)

Zn est la *forme réduite* (ou *réducteur*).

L'oxydant est toujours dans le membre contenant les électrons. Zn/Zn^{2+} est appelé couple oxydo-réducteur.

Comment faire $Zn \rightleftharpoons Zn^{2+} + 2e$?

1° réponse : Il faut pouvoir capter les électrons libérés par Zn. On fait donc intervenir un autre couple rédox : $2e + Cu^{2+} \rightleftharpoons Cu$. Ainsi du zinc (métallique) en présence d'ion cuivre (II) donne la réaction chimique : $Zn + Cu^{2+} \rightleftharpoons Zn^{2+} + Cu$ (II)

que l'on obtient en éliminant les e entre les demi-équations.

● **Expérience :** Un tube à essai contient une solution de $CuSO_4$.

Ajoutons de la poudre de zinc, la couleur bleue de la solution disparaît, donc il n'y a plus d'ions Cu^{2+}. Du cuivre métallique s'est déposé sur le zinc. Des ions Zn^{2+} incolores sont passés en solution.

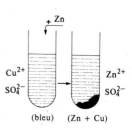

(bleu)   (Zn + Cu)

La réaction (II) a eu lieu. Cette réaction se fait avec un fort dégagement de chaleur. Avec des solutions très concentrées, la solution peut bouillir ! L'énergie de la réaction apparaît sous forme d'une élévation de température.

2° réponse : Grâce à un autre oxydant (p. 45).

3° réponse : Les électrons peuvent être arrachés par électrolyse (p. 50-51).

ion métallique

4ᵉ réponse : Par voie sèche.

● **Exemple :** par l'oxygène de l'air

$$Zn + 1/2\ O_2 \xrightarrow{\text{à chaud}} ZnO$$

par le chlore

$$Zn + Cl_2 \xrightarrow{\text{à chaud}} ZnCl_2$$

par d'autres oxydants

$$Zn + CuO \xrightarrow{\text{à chaud}} ZnO + Cu$$

Dans l'eau, ZnO et ZnCl$_2$ libèrent des ions Zn^{2+}, la demi réaction (1) a donc eu lieu.

● **Note :** Dans le cas des réactions par voie sèche, il ne faut pas faire intervenir les potentiels définis à l'aide des demi-piles. Ceux-ci n'ont de signification qu'en solution.

Tableau des potentiels de quelques couples

Ag$^+$/Ag	0,80 V	Fe^{2+}/Fe	$-0,44$ V
Cu^{2+}/Cu	0,34 V	Zn^{2+}/Zn	$-0,74$ V
H$^+$/H$_2$	0,00 V	Al^{3+}/Al	$-1,66$ V

Ces potentiels sont en Volt par rapport à l'électrode d'hydrogène (demi-pile H$^+$/H$_2$, p. 44).

Grâce à ce tableau, on peut prévoir la réactivité d'un métal sur un ion métallique.

Si l'on convient de disposer la forme oxydée au-dessus de la forme réduite, et les couples par potentiel croissant, on peut appliquer la règle :

"Les extrêmes (Cu^{2+} et Zn) réagissent pour donner les moyens (Cu, Zn^{2+}).

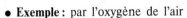

● **Exemple :** montrer que Ag ne réagit pas sur Al^{3+}.

● Note : Une demi-équation sera symbolisée par $\rightleftharpoons$ qui rappelle la réversibilité. Les équations bilan, souvent presque totales, seront écrites avec $\rightarrow$ ou $\rightleftharpoons$ pour rappeler le caractère *réversible* mais spontanément très déplacé d'une réaction.

Quelle différence y a-t-il entre Zn/Zn²⁺ et H₂/H⁺ ?

● **Réponse :** chimiquement aucune, mais si expérimentalement on peut brancher un fil conducteur à la lame de zinc il est peu commode de brancher un fil sur une bulle d'hydrogène !

● **Question :** si l'on pouvait fixer H_2 gazeux à la surface d'un métal (inerte), alors ne pourrions-nous pas brancher un fil sur ce métal (donc sur l'hydrogène) ?

● **Réponse :** oui et c'est réalisé (fig. 1) ; ce métal est le platine, car il fixe suffisamment l'hydrogène. Ainsi est réalisée la *demi-pile à hydrogène ;* la réaction à l'électrode est

$$H_3O^+ + e \rightleftharpoons H_2O + 1/2 \ H_2 \text{ (fixé sur Pt)}.$$

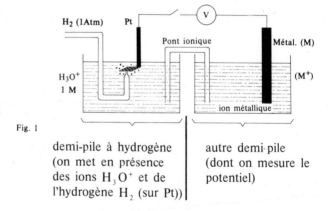

Fig. 1

| demi-pile à hydrogène (on met en présence des ions H_3O^+ et de l'hydrogène H_2 (sur Pt)) | autre demi-pile (dont on mesure le potentiel) |

Mesure des potentiels d'oxydo-réduction

La demi-pile à hydrogène a été choisie comme origine des potentiels.

On la couple par l'intermédiaire d'un pont ionique à une autre demi-pile et l'on mesure la d.d.p. de la pile formée. Les potentiels mesurés sont portés sur des tables ; ils ont été mesurés dans les *conditions standard* (25° et les solutions des ions sont molaires).

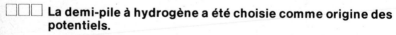

* On représente souvent H_3O^+ par H^+ : ($H_3O^+ = H^+ + H_2O$).

Les valeurs mesurées varient peu avec la température (environ 1 mV par degré) mais sont sensibles aux modifications de concentration (60 mV quand on passe de 1N à 0,1 N), (p. 107)

● **Remarque :** dans la pratique, on mesure les potentiels des demi-piles avec une électrode appelée *"électrode au calomel"*. Le couple de référence est alors Hg / Hg^+ qui a un potentiel de $+ 0,24$ V par rapport à H_2 / H^+, si l'électrolyte* est une solution saturée de KCl.

Action des acides sur les métaux

● **Acides non oxydants :** H_2SO_4 dilué et froid, acide chlorhydrique HCl.

Certains métaux sont oxydés par l'ion H_3O^+. C'est le couple H_3O^+/H_2 qui intervient.

On observe donc un dégagement d'hydrogène si l'on introduit du fer, du zinc ou de l'aluminium dans un acide NON OXYDANT. Ces acides n'ont pas d'effet sur l'argent et le cuivre.

● **Acides oxydants :** H_2SO_4 concentré et chaud *acide nitrique* HNO_3.

Quel que soit le métal, ce n'est pas le couple H_3O^+/H_2 qui intervient ; donc il n'y a pas de dégagement d'hydrogène.

L'oxydant est : NO_3^- d'où dégagement de NO**(incolore) qui s'oxyde en NO_2 à l'air, ou SO_4^{2-} d'où dégagement de SO_2.

Il y a réaction sur Al, Zn et Fe mais aussi sur Cu et Ag.

● **Exemple :**

$$Cu \rightleftharpoons Cu^{2+} + 2e \qquad (\times 3)$$
$$NO_3^- + 4 H^+ + 3e \rightleftharpoons NO + 2 H_2O \qquad (\times 2)$$
$$2 NO_3^- + 8 H^+ + 3 Cu \rightarrow 3 Cu^{2+} + 2 NO + 4 H_2O$$

Cette réaction est utilisée industriellement pour décaper le cuivre ; on récupère aussi le nitrate de cuivre et l'équation globale (celle qui intéresse l'industriel) est :

$$8 HNO_3 + 3 Cu \rightarrow 3 Cu (NO_3)_2 + 2 NO + 4 H_2O.$$

Remarque : Pour attaquer l'or et le platine, les acides oxydants ne sont pas assez oxydants ; on utilise *l'eau régale* : $2 HCl + HNO_3$.

---

* Solution conductrice en contact avec l'électrode.
** Ou d'autres oxydes de l'azote.

◇

☐☐☐

Règle

Dans toute pile il y a un phénomène d'oxydo-réduction et tout phénomène d'oxydo-réduction peut être mis sous forme de pile.

● **Exemple :** une solution acide de $KMnO_4$ est versée dans une solution de CAC* de fer (II) en excès ; le *permanganate* se décolore.

● **Equation :** (I) $\qquad\qquad\qquad Fe^{2+} \rightleftharpoons Fe^{3+} + 1\ e \qquad$ (x 5)

$$\text{(II)}\ MnO_4^- + 8\,H^+ + 5\ e \rightleftharpoons Mn^{2+} + 4\,H_2O \quad \text{(x 1)}$$

$$MnO_4^- + 8\,H^+ + 5\,Fe^{2+} \rightarrow 5\,Fe^{3+} + Mn^{2+} + 4\,H_2O$$

couleur $\qquad$ (violet) $\qquad$ (vert pâle) $\qquad$ (rouille) (incolore)

● **Pourquoi faut-il une solution acide ?** En milieu neutre ou peu basique, c'est le couple MnO_4^-/MnO_2 qui intervient (MnO_2 est un précipité marron). C'est en milieu acide (fort) que le couple MnO_4^-/Mn^{2+} peut intervenir.

● **On emploie l'acide sulfurique dilué ;** HCl ne convient pas car les ions Cl^- sont oxydés en Cl_2 par le permanganate ; HNO_3 ne convient pas non plus car l'ion NO_3^- est un oxydant qui oxyderait aussi Fe^{2+}, le phénomène serait plus compliqué. Le CAC de fer (II) peut donc être $FeSO_4$, mais surtout pas $FeCl_2$.

D'après la règle, ce phénomène d'oxydo-réduction peut être mis sous forme de pile. Voyons comment : les deux couples sont Fe^{3+}/Fe^{2+} et MnO_4^-/Mn^{2+} : on constitue les demi-piles correspondantes et le potentiel est pris à l'aide d'un fil de platine (comme pour la pile à hydrogène).

*CAC : Composé Anion-Cation.

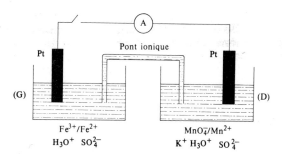

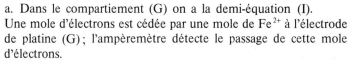

Continuité du courant électrique

a. Dans le compartiement (G) on a la demi-équation (I).
Une mole d'électrons est cédée par une mole de Fe^{2+} à l'électrode de platine (G); l'ampèremètre détecte le passage de cette mole d'électrons.
b. Dans le compartiment (D) on a la demi-équation:
$$1/5\ MnO_4^- + 1\,e + 8/5\ H^+ \rightleftharpoons 1/5\ Mn^{2+} + 4/5\ H_2O.$$

● **Bilan des charges dans (G) et (D).**

a. Dans (G) la formation d'une mole de Fe^{3+} à partir de Fe^{2+} entraîne un excédent de $6 \cdot 10^{23}$ charges +.
b. Dans (D) la réaction entraîne un défaut de $6 \cdot 10^{23}$ charges + donc un excès de $6 \cdot 10^{23}$ charges −. Des ions SO_4^{2-} (1/2 mole) doivent migrer de (D) vers (G) à travers le pont ionique.
Cette migration des ions assure la continuité du courant électrique.

● **Remarque :** Alors que dans la pile Daniell les concentrations sont bien définies et constantes (solutions saturées), ici les concentrations vont évoluer, donc la fem variera en cours de fonctionnement jusqu'à s'annuler à l'équilibre.

● **Exemple :** Initialement dans (G) $(Fe^{2+}) = 0,1\,M$ et $(Fe^{3+}) =$ trace.
en fonctionnement $(Fe^{2+}) = 0,09\,M$ et $(Fe^{3+}) = 0,01\,M$
à l'équilibre $(Fe^{2+}) =$ trace et $(Fe^{3+}) = 0,1\,M$.

Ce qu'il faut faire	Exemple
1) Définir le problème.	On fait réagir du *dichromate* de potassium ($K_2 Cr_2 O_7$) sur l'éthanol ($CH_3 CH_2 OH$) en milieu acide.
2) Poser clairement les couples rédox qui vont réagir.	$Cr_2 O_7^{2-} / Cr^{3+}$ et $CH_3 CH_2 OH / CH_3 CHO$
3) Equilibrer les deux demi-équations rédox :	$Cr_2 O_7^{2-} / Cr^{3+}$
– j'équilibre l'élément	$Cr_2 O_7^{2-} / 2 Cr^{3+}$
– j'équilibre "O" par $H_2 O$	$Cr_2 O_7^{2-} / 2 Cr^{3+} + 7 H_2 O$
– puis "H" par H^+	$Cr_2 O_7^{2-} + 14 H^+ / 2 Cr^{3+} + 7 H_2 O$
– puis les charges par e (e compte pour $1-$)	$Cr_2 O_7^{2-} + 14 H^+ + 6e \rightleftharpoons 2 Cr^{3+} + 7 H_2 O$
de même	$CH_3 CH_2 OH \rightleftharpoons CH_3 CHO + 2 H^+ + 2 e$
4) J'élimine mathématiquement les électrons à partir des 2 demi-équations (on prend le ppmc).	x 1 la première x 3 la deuxième $Cr_2 O_7^{2-} + 8 H^+ + 3 C_2 H_5 OH \rightleftharpoons$ * $3 CH_3 CHO + 2 Cr^{3+} + 7 H_2 O$
5) On peut ajouter les ions K^+ et SO_4^{2-} qui en fait ne réagissent pas.	$K_2 Cr_2 O_7 + 4 H_2 SO_4 + 3 C_2 H_5 OH \rightarrow$ $3 CH_3 CHO + Cr_2 (SO_4)_3 + 7 H_2 O +$ $K_2 SO_4$

* Voir note p. 43.

Remarque	Utilité
C'est dit dans l'énoncé.	Il est bon d'extraire de l'énoncé le problème précis.
C'est dans le cours. Il faut les connaître par cœur (p. 73).	
C'est une technique simple mais il faut toujours opérer dans l'ordre indiqué. La forme oxydée est toujours dans le même membre que les "e". A ce niveau, on a réalisé **l'équilibre des atomes et des charges.**	La demi-équation redox (qui contient des électrons) se rencontre dans les demi-piles. Elle permet aussi de vérifier la variation du nombre d'oxydation 6 pour 2 chromes 2 pour l'alcool en aldéhyde.
Il faut ôter les H^+ et les H_2O superflus.	C'est une véritable équation chimique. Elle permet de faire le problème. On a la stoechiométrie.
on a ajouté autant de K^+ et de $1/2\ SO_4^{--}$ à gauche et à droite.	On sait ce qu'on met, et on sait ce qu'on obtient. C'est un bilan, non une équation chimique car en solution toutes ces espèces sont dissociées.

◇ *Expérience*

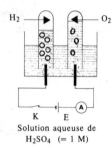

H₂ →   ← O₂

K   E
Solution aqueuse de
H₂SO₄ (= 1 M)

● **Résultat :** On observe un dégagement de H_2 à la *cathode* (*électrode reliée au pôle (−)*) et d'O_2 à l'*anode* (électrode reliée au pôle (+)).

● Réactions : à la cathode, *réduction*

$$H^+ + e \rightarrow \frac{1}{2}H_2 \qquad (\times 2)$$

à l'anode, *oxydation*

$$H_2O \rightarrow \frac{1}{2}O_2 + 2H^+ + 2e \qquad (\times 1)$$

Cela revient à la décomposition de l'eau en H_2 et O_2

● **IMPORTANT : Autant d'électrons sont fournis à l'anode que d'électrons sont captés à la cathode, d'où formation de 2 H₂ pour 1 O₂.**

Grâce à l'apport d'énergie électrique, on a réalisé une réaction qui habituellement se produit dans l'autre sens.

$H_2 + 1/2\,O_2 \xrightarrow{\qquad} H_2O$ (processus naturel)

$H_2O \xrightarrow[\text{électrolyse}]{\qquad} H_2 + 1/2\ O_2$ (processus nécessitant un apport d'énergie).

L'énergie électrique a permis cette transformation chimique.
L'électrolyseur consomme de l'énergie électrique et réalise des réactions chimiques. De l'énergie électrique est consommée autrement que par effet joule ; donc l'électrolyseur est un récepteur. Il possède une *f.c.e.m.* caractéristique de la solution à étudier.
Il faut toujours penser que :

— **A l'anode, on a une oxydation**

— **A la cathode, on a une réduction.**

● **Thème de réflexion :** comparer une pile et un électrolyseur.

● *Exemples simples devant être connus par cœur*

Il faut faire la liste de tous les anions à l'anode, de tous les cations à la cathode. Le solvant et les électrodes peuvent intervenir.

● Solution aqueuse de chlorure d'étain (II) ($SnCl_2$).

anode | Cl^- cathode | Sn^{2+}
      | OH^- | H_3O^+
      | H_2O | H_2O

$2\ Cl^- \to Cl_2 + 2\ e$ $Sn^{2+} + 2\ e \to Sn\ (\text{métal})$

● Solution d'H_2SO_4 (expérience de la page 50)

anode | OH^- (ultraminoritaire)   cathode | H_3O^+
      | SO_4^{2-} (non oxydable) | H_2O
      | H_2O

$H_2O \to 1/2\,O_2 + 2\,H^+ + 2\ e$ $2\,H_3O^+ + 2\ e \to H_2 + 2\,H_2O$

● NaCl fondu ($800°\,C$)

anode | Cl^- cathode | Na^+
$2\ Cl^- \to Cl_2 + 2\ e$ $2\ Na^+ + 2\ e \to Na\ (\text{métal})$

● Solution de NaCl (assez concentrée 5 mol·1^{-1})

anode | Cl^- cathode | Na^+
      | OH^- | H_3O^+
      | H_2O | H_2O

$2\ Cl^- \to Cl_2 + 2\ e$ $2\ H_2O + 2e \to H_2 + 2\,OH^-$

● Solution de $CuSO_4$ (et électrode en cuivre)

anode | SO_4^{2-} cathode | Cu^{2+}
      | OH^- | H_3O^+
      | H_2O | H_2O

$Cu \to Cu^{2+} + 2\ e$ $Cu^{2+} + 2\ e \to Cu$

L'anode disparaît.   La cathode grossit.

Le cuivre de l'anode est transporté sur la cathode ; il n'y a pas de transformation chimique, c'est le seul cas où la *f.c.e.m.* de l'électrolyseur est nulle.

◇

Nombre d'oxydation (N d'O)
appelé aussi degré d'oxydation

Utilité : Il est souvent commode grâce au N d'O de **vérifier** très simplement quantité de détails en chimie :

a. stoechiométrie des équilibres et demi-équations redox

b. reconnaître une forme oxydée et une forme réduite dans un couple

c. reconnaître une réaction redox

d. équilibrer les réactions d'oxydation par voie sèche.

 Le N d'O d'un atome, d'un ion ou d'une molécule est égal à sa charge.

N d'O	$-II$	$-I$	0	$+I$	$+II$	$+III$
ion, élément ou molécule	S^{2-}	Cl^- I^- MnO_4^- *	Na Fe H_2O	Na^+ H^+ Cu^+ K^+	Zn^{2+} Fe^{2+} Cu^{2+} Ca^{2+}	Al^{3+} Fe^{3+}

On dit : "K^+ est au degré d'oxydation $+I$" et "K est au degré d'oxydation 0".

● **Règle du jeu :**

a. Dans une molécule ou un ion composé, le N d'O de l'ensemble est égal à la somme des N d'O des atomes le composant.

b. Le N d'O de "H" dans un corps pur composé est toujours $(+I)$, ce qui revient à considérer toujours H combiné comme "H^+".

c. Le N d'O de "O" combiné est toujours $(-II)$, ainsi ; dans H_2O, on vérifie par additivité des N d'O :
$2 \times (+I) + (-II) = 0$. Zéro est la charge de H_2O.

● Les alcalins combinés comme "K" dans $KMnO_4$ ou "Na" dans $NaCl$, ont toujours le N d'O $(+I)$.

*L'ensemble MnO_4^- a pour N d'O $(-I)$ mais Mn dans MnO_4^- a pour N d'O $(+VII)$.

Détermination d'un N d'O

Dans une molécule ou un ion HNO_3, H_2S, $HClO_4$, NO_2^-, SO_4^{2-}, ClO^- on attribue à N, S ou Cl un N d'O (n). Les règles du jeu se résument dans l'équation : $(n) + h - 2o =$ charge totale, où h est le nombre de "H", et o est le nombre de "O".

Ainsi pour "N" dans HNO_3 : $(n) + 1 - 2 \times 3 = 0 \Rightarrow n = (+V)$
et "S" dans SO_4^{2-} : $(n) + 0 - 2 \times 4 = -2 \Rightarrow n = (+VI)$

● **Attention :** $(-II)$, $(+IV)$..., ne sont pas des charges mais des degrés d'oxydation. C'est pourquoi on les note le plus souvent en chiffres romains.

Cas particulier : Dans H_2 (de même Cl_2, O_2...) le N d'O de chaque H est zéro.

Exemples d'applications

a. Dans le couple SO_2/H_2SO_4, les N d'O du soufre $(+IV)$ dans SO_2 et $(+VI)$ dans H_2SO_4 permettent de reconnaître que SO_2 est la forme réduite et H_2SO_4 la forme oxydée.

b. Ecrire une demi-équation redox et **comparer la variation du N d'O avec le nombre d'électrons mis en jeu** (avec MnO_4^-/Mn^{2+}, Fe^{3+}/Fe^{2+}, Cu^{2+}/Cu^+...).

c. Dans les réactions d'oxydations par voie sèche on ne peut pas équilibrer l'équation avec la technique des pages 48-49 qui est réservée aux réactions en solution. On utilise les N d'O.

● **Exemple :** soit à équilibrer $CO_2 + Al \rightarrow C + Al_2O_3$.

Dans $CO_2 \rightarrow C$, l'élément C perd 4 degrés d'oxydation.
Dans $Al \rightarrow 1/2\ Al_2O_3$, l'élément Al en gagne 3. Donc 4 éléments Al vont réagir avec 3 éléments C.
L'équation bilan est : $3\ CO_2 + 4\ Al \rightarrow 3\ C + 2\ Al_2O_3$.

Composé ionique. Valence des éléments

Il faut connaître les 20 premiers éléments du tableau de Mendeleïev.

Les éléments des 3 premières colonnes verticales du tableau donnent facilement des ions positifs. Ils ont ainsi la structure du *gaz rare* de la ligne précédente ($_{13}Al$ donne Al^{3+} *trivalent* qui a autant d'électrons que $_{10}Ne$). Les éléments de la troisième colonne donnent des ions 3^+, de la deuxième 2^+ *(bivalent)*, de la première 1^+ *(monovalent)*.

Les éléments de l'avant-dernière colonne *(halogène)* donnent des ions portant une charge négative ($_9F$ donne F^- qui a autant d'électrons que $_{10}Ne$). F^- est un ion monovalent.

Il faut aussi connaître quelques *cations* et quelques *anions* (formule et nom) de la page 63.

La connaissance de ces formules permet de donner la formule de tous les CAC* utilisés en chimie, grâce à la règle d'*électroneutralité*.

 Tous les CAC sont électriquement neutres.

- **Exemple :** formule du sulfate d'aluminium ?

  anion sulfate = SO_4^{2-} cation aluminium = Al^{3+}

On prend le ppcm de 2 et 3 soit 6. La partie anionique a 6 charges négatives, soit $(SO_4^{2-})_3$.
La partie cationique a 6 charges positives, soit $(Al^{3+})_2$.
Formule du sulfate d'aluminium : $Al_2(SO_4)_3$.

Formule des composés contenant l'élément hydrogène

L'élément H est toujours lié à un seul voisin, et toujours par liaison covalente (p. 18).

Dans une molécule covalente, chaque atome s'entoure de 8 électrons sur sa dernière couche (2 pour H). Voir fig. 1.
Ainsi, C a 4 liaisons de covalence, N en a 3, O en a 2 et F en a 1. Les gaz rares n'en n'ont pas.

---

*CAC = Composé Anion-Cation.

● **Exemple :** reconstituons la plus simple des molécules contenant l'élément oxygène. La structure électronique de $_8O$ est 2 électrons sur K et 6 électrons sur L.

La structure de l'élément oxygène dans la molécule doit être celle du gaz rare Ne (8 électrons sur L).

Il faut donc que d'autres éléments prêtent * 2 électrons en formant 2 liaisons covalentes avec l'élément oxygène. □□□

Le plus simple est l'élément hydrogène.

formation de 2
liaisons covalentes

ou

Trois atomes éloignés   La molécule d'eau est formée

Chaque — représente un *doublet* d'électrons.

Chaque — entre deux atomes est un doublet *liant*.

Chaque — porté par un seul atome est un doublet *non liant*.

Les formules CH_4, NH_3, OH_2, FH sont schématisées ainsi :

H	H	H	H
×●	●×	●×	●×
H ●× C ×● H	●× N ×● H	●× O ×● H	●× F ●×
●×	●×	●●	●●
H	H		

chaque atome a 8 électrons sur sa couche externe (2 pour H). Seuls les électrons de valence (dernière couche) sont représentés. On les situe autour de l'atome **sans tracer le cercle du modèle en couche.** Les électrons marqués d'une croix (x) sont ceux apportés par l'hydrogène. Une fois la liaison effectuée, on ne peut plus reconnaître quel est l'électron de H et quel est l'électron de C. On dit qu'ils sont indiscernables et appartiennent tous les deux à la fois à C et à H.

---

* Quand il y a *prêt* mutuel d'électrons entre deux atomes (échange permanent des électrons), il y a formation d'une liaison covalente (p. 18).
Quand il y a *don* d'électrons, il y a formation d'ions (p. 16).

La connaissance de la position de C, N, O dans le tableau périodique permet de prévoir l'existence des molécules CH_4, NH_3 et OH_2 (p. 18 - 19 - 55). Qu'en est-il de la géométrie de ces molécules ? Deux méthodes simples permettent d'en retrouver la *géométrie*.

On postule que tous les H d'une même molécule sont géométriquement équivalents.

Donc :

a. Dans H_2O, O est sur la médiatrice du segment délimité par les deux H.

b. Dans NH_3, N est sur l'axe du triangle équilatéral délimité par les trois H.

c. Dans CH_4, les 4 H forment un *tétraèdre* régulier (*) avec C au centre.

Les distances H-O, H-N, H-C sont toujours voisines de 10^{-10} m.
Les chimistes utilisent l'Ångström.
1 Å $= 10^{-10}$ m.

Les "forts en math" retrouvent l'angle $109° 28'$ ainsi : positionner le tétraèdre dans un cube.

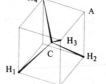

Poser $AH_4 = 1$
alors $H_3H_4 = \sqrt{2}$
et $H_1A = 2\ H_1C = \sqrt{3}$

Le triangle $H_1\ CH_2$ est isocèle et on connaît la longueur de ses côtés ; on en déduit aisément les angles.

---

*Une autre solution aurait été : les 4 H forment un carré. La nature en a décidé autrement, le méthane a toujours été tétraédrique.

On postule que toutes les structures dérivent du tétraèdre régulier :

a. le *méthane* est tel qu'il est décrit ci-dessus
b. l'ammoniac est un tétraèdre où il manque un sommet
c. l'eau est un tétraèdre où il manque deux sommets.

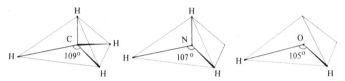

● **Remarque :**

Les doublets non-liants sur N et sur O sont géométrique- □□□ ment pointés vers les sommets vacants du tétraèdre.

De même l'ion NH_4^+ est un tétraèdre régulier et H_3O^+ a la même structure que NH_3.

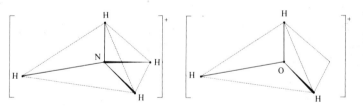

La structure de nombreuses autres molécules se déduit □□□ de ces structures simples ; il faut donc parfaitement connaître les molécules H_2O, NH_3, CH_4.

● **Exemples :** L'éthane, $CH_3 - CH_3$, n'est autre que la superposition de deux tétraèdres imbriqués, chaque C étant au centre d'un tétraèdre.
Le méthanol, $CH_3 - OH$, dérive du méthane pour le fragment $CH_3 -$ et de l'eau pour le fragment $- OH$.
Dans le tétraéthyl ammonium, $(N (CH_3)_4)^+$, l'azote est au centre d'un tétraèdre dont chaque sommet est occupé par un carbone, lui-même au centre d'un tétraèdre.

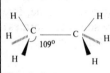

H, H / C ─── C / H, H 109° *Simple liaison* C−C à 2 électrons	Molécule tridimensionnelle : d (C−C) = 1,5 Å Il y a rotation autour de la liaison C−C	Cl, H, Cl, H / C ─ C / Cl, H, H, Cl C'est le même corps
H, H C = C H, H 120° *Double liaison* C=C à 4 électrons	Molécule plane : d (C=C) = 1.3 Å Pas de rotation autour de la double liaison C=C	Cl / E ou cis \ H C = C H / \ Cl H \ Z ou trans / H C = C Cl / \ Cl 2 corps différents
180° H−C ≡ C−H *Triple liaison* C≡C à 6 électrons	*Molécule linéaire* d (C≡C) = 1,2 Å Plus la liaison est multiple, et plus elle est courte	Le concept de rotation autour de la liaison C≡C est inutile. (Cherchez pourquoi)
H, H C = C H−C C−H H, H C = C H, H Benzene : C₆H₆ Molécule plane (a) (hexagone régulier) d (CC) = 1,4 Å	Position des *substituants* (b) *Ortho* Cl, Cl *Meta* Cl, Cl *Para* Cl, Cl Ces trois dichlorobenzènes sont des molécules différentes.	

a. Dans le benzène, chaque carbone n'est relié qu'à trois atomes voisins. Il reste 1 électron "non utilisé" par carbone, soit 6 en tout. Ils sont mis en commun pour former une liaison délocalisée sur tout l'hexagone. On symbolise cette LIAISON DELOCALISEE par un cercle.

b. Les substituants sont les atomes ou groupes d'atomes (ici Cl) qui remplacent H ; de plus, les H et les C ne sont pas représentés pour plus de clarté.

Le cyclohexane, C_6H_{12} est un alcane : toutes les distances $C-C$ font 1,5 Å et les angles 109°. Il ne peut, comme le benzène, être plan. Géométriquement, C_6H_{12} est en équilibre sous deux formes : la forme *chaise* (majoritaire) la forme *bateau* (minoritaire).

C'est la même molécule sous deux formes différentes.

Isomères

● **Définition : ce sont des corps de même formule brute mais de formule développée différente.**

($C_2H_4Cl_2$, C_6H_{12},... sont des formules brutes, les dessins qui les représentent sont des formules développées).

● **Exemples d'isomérie :**

a. Isomère de chaîne   : butane et méthyl propane
b. Isomère de fonction : diméthyl oxyde et éthanol
c. Isomère de position : Dans ce cas les isomères ont même chaîne carbonée, et même fonction ; c'est la fonction qui est déplacée.
par exemple : butanol 1 - butanol 2
dichlorobenzènes (ortho, méta et para).
d. Isomères Z-E (ou *cis-trans*) : il y a même structure, même fonction et même position de la fonction ; c'est le cas du pentène-2.

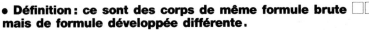

Note : on considère que deux corps sont différents si dans les conditions données, on peut les mettre dans deux récipients différents. C'est le cas des pentènes 2 (Z et E), ce n'est pas le cas des deux formes du cyclohexane.

Composés non cycliques (ou acyclique)

● **On donne un nom à la longueur de la chaîne carbonée**

nom	formule	symbole
méthane	CH_4	
éthane	$CH_3 - CH_3$	
propane	$CH_3 - CH_2 - CH_3$	
butane	$CH_3 - CH_2 - CH_2 - CH_3$	

puis : *pentane, hexane, heptane...*   **...**

● Si la chaîne est substituée, exemple :

On nomme la chaîne la plus longue, précédée du substituant et de sa position en adoptant la numérotation qui minimise ce nombre. Cet alcane s'appelle méthyl-3-hexane. (Et non méthyl-4-hexane ou éthyl-2-pentane).

● Si la molécule a une **FONCTION,** il faut :

a. Numéroter la chaîne principale : plus longue chaine carbonée portant la fonction

b. Minimiser le numéro de la position de cette fonction

c. Nommer la longueur de la chaîne principale (prop., but., ...)

d. Accoler la fonction sous forme de **SUFFIXE** avec sa position

e. Précéder le tout du substituant comme précédemment.

---

*conforme aux recommandations de l'IUPAC, revue en 1979.

● **Exemple :**

$$CH_3 - CH_2$$
$$\diagdown C - CH_2 \diagup CH_2 - CH_3$$
$$CH_2 \diagup$$

C'est l'Ethyl - 2 - pentène - 1

Tableau

liste des *substituants* ou fonctions usuelles	préfixe		suffixe
$-CH_3$	Méthyl		
$-C_2H_5$ ou $-CH_2-CH_3$	Ethyl		
$-Cl$	Chloro		
$-Br$	Bromo		
$-NH_2$	Amino	ou	amine
$C=C$			ène
$C\equiv C$			yne
$-C{\diagup O \atop \diagdown H}$			al
$C=O$			one
$-C{\diagup O \atop \diagdown OH}$	Carboxy	ou	oïque (acide)
$-C{\diagup O \atop \diagdown NH_2}$			amide
$-OH$	hydroxy	ou	ol
$-NO_2$	nitro		

De nombreux composés ont conservé leur nom usuel ; il est bon d'en connaître certains.

$CH_3-\underset{\underset{O}{\|\|}}{C}-CH_3$	$H-C\equiv C-H$	$CH_3-C{\diagup O \atop \diagdown OH}$	
propanone	éthyne	acide éthanoïque	méthyl $-2-$ butadiène $-1,3$
acétone	*acétylène*	*acide acétique*	*isoprène*

◇ **Squelettes de base les plus utilisés**

cyclohexane (C_6H_{12})   cyclopentane (C_5H_{10})   benzène (C_6H_6)

● **Composés cycliques substitués**

a. On numérote les carbones du cycle de 1 à n en commençant par un carbone substitué.

b. On applique les règles des composés acycliques.

dinitro - 1, 3 benzène	méthyl cyclopentane	cyclo −
(meta−dinitro−benzène)	(le "1" est inutile)	hexène − 2 − one − 1

Si une chaîne carbonée est coupée par un oxygène, on a soit :

un *éther* $CH_3 - CH_2 - O - CH_2 - CH_3$ (diéthyl éther ou diéthyl oxyde)

ou un *ester* $CH_3 - C \overset{O}{\underset{OC_2H_5}{<}}$ (éthanoate d'éthyle), ester de l'acide éthanoïque.

● **Note :** Il existe des règles plus fines qui permettent de nommer tous les composés organiques. Celles présentées ici suffisent pour les composés courants.

---

* La représentation du benzène avec les doubles liaisons est aussi utilisée : c'est la représentation de Kékulé.
Elle rend très bien compte de la réactivité du benzène dans les mécanismes chimiques.

nomenclature des composés ioniques

Les composés ioniques, exemple NaCl, sont constitués au moins d'un anion (Cl^-) et d'un cation (Na^+). Il existe des composés qui contiennent un anion complexe (SO_4^{2-}): c'est dans ce cas l'ensemble SO_4 qui porte deux charges négatives. Parfois le composé a plusieurs cations: $KAl(SO_4)_2$ est composé de K^+, Al^{3+} et deux SO_4^{2-}.

Tous ces composés appelés autrefois "sels" seront nommés ici CAC ce qui signifie Composé Anion-Cation.

Nomenclature : On nomme d'abord l'anion puis le cation □□□ mais on écrit d'abord le cation puis l'anion

● **Exemple :** on dit chlorure de sodium mais on écrit NaCl.

Liste de cations métalliques :

Li^+, Na^+, K^+, Mg^{2+}, Ca^{2+}, Ba^{2+}, Mn^{2+}, Co^{2+}, Ni^{2+}, Zn^{2+}, Ag^+, Cr^{3+}, Al^{3+}...

ces cations n'ont qu'une seule *valence* courante et n'ont pas de nom particulier.

Quand il y a plusieurs valences, la nomenclature est :
Fe^{2+} = fer (II)   ou ferreux (*), Fe^{3+} = fer (III)   ou ferrique (*),
Cu^+ = cuivre (I) ou cuivreux, Cu^{2+} = cuivre (II) ou cuivrique.
Il existe aussi des cations complexes ex : UO_2^{2+} = uranyl.

Liste des anions :

F^- fluorure, Cl^- chlorure, Br^- bromure, CN^- cyanure,
SO_4^{2-} sulfate, $S_2O_3^{2-}$ thiosulfate, NO_3^- nitrate, $CH_3CO_2^-$ *acétate,*
AlO_2^- aluminate, ZnO_2^{2-} *zincate,* PO_4^{3-} phosphate,
CrO_4^{2-} chromate, $Cr_2O_7^{2-}$ *dichromate,* MnO_4^- *permanganate...*
et quelques séries ; CO_3^{2-} carbonate, HCO_3^- hydrogène carbonate,
ClO^- hypochlorite, ClO_3^- chlorate, ClO_4^- perchlorate.

Ces noms barbares s'apprennent à l'usage.

● **Consultez ces listes pour chaque nouveau nom que vous rencontrerez et petit à petit un nom évoquera une formule ; c'est là l'utilité de la nomenclature.**

---

*La nomenclature EUX, IQUE est désuette ainsi que bicarbonate pour HCO_3^-.

fonctions	formules	oxydation par O_2	substitution	addition
● Alcane (saturé)	$C_n H_{2n+2}$	réaction industrielle ; combustion des gaz *, essence, gazole *, fuels	radicalaire avec Cl_2 nitration sulfonation	jamais
● Alcène (insaturé)	$C_n H_{2n}$ $\diagdown C = C \diagup$	réaction analytique	rare	nombreuses Cl_2, Br_2, H_2O (cat. * Al_2O_3 H^{2+}), H_2 (cat. Ni, Pt)
● Alcyne (doublement insaturé)	$C_n H_{2n-2}$ $- C \equiv C -$	réaction analytique	avec les ions métalliques en milieu basique (acétylure)	nombreuses Cl_2, Br_2, H_2O et H_2
● Aromatique (ex. benzène) (insaturé)	$C_6 H_6$	réaction analytique	nitration sulfonation Br_2 Cl_2 (cat. Fer)	totale $3 Cl_2$ ou $3 Br_2$ (avec la lumière) $3 H_2$ (difficile, même en présence de cat.)

cat = catalyseur.

* gazole est le nom français de gas-oil.

L'oxydation totale des hydrocarbures conduit toujours aux deux seuls produits CO_2 et H_2O.

Cette réaction se fait avec un important dégagement de chaleur principalement à usage domestique et industriel ainsi que dans les moteurs à combustion.

C_7H_{16} (essence) + 11 O_2 → 7 CO_2 + 8 H_2O

Dans l'eudiomètre, on brûle totalement un composé organique. L'analyse quantitative des produits obtenus permet de remonter à la formule brute du composé.

Expérience sur l'eudiomètre

Dans un eudiomètre, on introduit 8 cm³ d'un hydrocarbure gazeux et 30 cm³ d'oxygène. Une étincelle déclenche la combustion. Après l'expérience, il reste un volume gazeux : 22 cm³. On ajoute de la soude, ce qui ramène à 6 cm³ le volume de gaz. En déduire la formule brute de l'hydrocarbure analysé.

● On ajoute toujours un excès d'oxygène pour :
a. assurer une combustion complète de l'hydrocarbure ;
b. ne pas être dans les proportions du mélange tonnant (explosif).

● Après l'expérience, on a dans l'eudiomètre :
a. l'excès d'oxygène (gaz)
b. le CO_2 formé   (gaz)
c. de l'eau, produit de la réaction (liquide donc de volume négligeable). L'addition de soude provoque la "dissolution" du CO_2.

On avait donc produit : $22 - 6 = 16$ cm³ de CO_2.

La quantité d'oxygène utilisé est donc : $30 - 6 = 24$ cm³.

Conclusion : 8 cm³ d'hydrocarbure gazeux ont été oxydés par 24 cm³ d'oxygène pour donner 16 cm³ de CO_2.

● **Résolution :** On écrit la réaction de combustion.

$C_x H_y + (x + y/4) O_2$ → $x CO_2 + y/2 H_2O$
8 cm³   24 cm³   16 cm³

Les gaz étant parfaits, il y a proportionnalité entre volume et nombre de moles.

$\dfrac{8}{1} = \dfrac{24}{x + y/4} = \dfrac{16}{x}$ d'où $x = 2$ et $y = 4$

● Il s'agissait de C_2H_4 : c'est l'éthylène.

Ce chapitre développe le tableau de la page 64.

Les alcanes

Les différentes *substitutions* permettent d'accéder :

a. Aux dérivés halogénés (p. 68)

$$CH_4 \quad + Cl_2 \rightarrow CH_3Cl + HCl$$
$$CH_3Cl \, + Cl_2 \rightarrow CH_2Cl_2 + HCl \; \textit{chlorure de méthylène}*$$
$$CH_2Cl_2 + Cl_2 \rightarrow CHCl_3 + HCl \; \textit{chloroforme}*$$
$$CHCl_3 \, + Cl_2 \rightarrow CCl_4 \quad + HCl \; \textit{tetrachlorure de carbone}*$$

b. Aux dérivés nitrés

$$CH_4 + HNO_3 \rightarrow CH_3NO_2 + H_2O \; \textit{nitrométhane}$$

c. Aux dérivés sulfonés

$$C_{12}H_{26} + H_2SO_4 \rightarrow C_{12}H_{25}SO_3H + H_2O \; \textit{teepol}$$

Le *craquage* : les alcanes lourds (en C_{20}** ou plus), inutilisables, subissent la réaction de craquage (de l'anglais *cracking*). Le craquage est une destruction de la molécule sous l'effet de la température en présence de *catalyseurs* (métaux). Ce procédé permet l'obtention de petites molécules dont l'industrie chimique est gourmande.

Les alcènes et les alcynes

Un alcène peut fixer 1 molécule Cl_2 ou Br_2 ou H_2 ou H_2O.
Un alcyne peut fixer 2 molécules Cl_2 ou Br_2 ou H_2 ou 1 seule H_2O.
Ce sont des hydrocarbures insaturés.

---

* C'est leur nom usuel ; leur nom officiel serait : mono, di, tri ou tétra-chloro méthane.
** On appelle alcane en C_n tous les isomères de C_nH_{2n+2}.
*** L'énol se réarrange en aldéhyde avant une nouvelle addition.
**** Les substitutions peuvent se faire plusieurs fois sur la même molécule suivant les conditions expérimentales.

● **Exemple avec l'hydrogène :**

$$H_2C = CH_2 \quad \xrightarrow[\text{Nickel de Raney}]{+ H_2 + \text{catalyseur}} \quad H_3C - CH_3$$

On a ajouté 1 seule mole d'hydrogène.

$$H - C \equiv C - H \quad \xrightarrow[\text{(cat.)}]{+ H_2} \quad H_2C = CH_2 \quad \xrightarrow[\text{(cat.)}]{+ H_2} \quad H_3C - CH_3$$

On a ajouté 2 moles d'hydrogène.
Pourquoi n'ajoute-t-on qu'une molécule d'eau sur un alcyne ?

$$H - C \equiv C - H + H - OH \quad \xrightarrow[\text{(catalyseur)}]{HgO/H_2SO_4} \quad H_2C = CHOH \quad \xrightarrow{***} \quad CH_3 - C\!\!\begin{smallmatrix}O\\H\end{smallmatrix}$$

Les aromatiques

Bien qu'insaturés les *noyaux aromatiques* donnent facilement des substitutions **** (p. 69).
a. H substitué par SO_3H : la *sulfonation*
b. H substitué par NO_2 : la *nitration*
c. H substitué par CH_3 : l'*alkylation* de *Friedel & Craft*.

Réaction sur les halogènes :
en présence de lumière

$$C_6H_6 + 3\ Cl_2 \longrightarrow C_6H_6Cl_6$$

sans lumière

$$C_6H_6 + Br_2 \quad \xrightarrow[\text{(catalyseur)}]{+ \text{Fer}} \quad C_6H_5Br + HBr$$

◇ ● *Expérience*

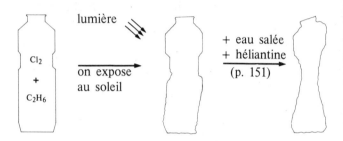

| protégé de la lumière solaire | la couleur du chlore disparaît | l'héliantine rougit |

● **Réaction**

en *formule brute* $C_2H_6 + Cl_2 \rightarrow C_2H_5Cl + HCl$

en *formule développée*

$$H-\overset{\overset{\displaystyle H}{|}}{\underset{\underset{\displaystyle H}{|}}{C}}-\overset{\overset{\displaystyle H}{|}}{\underset{\underset{\displaystyle H}{|}}{C}}-H + Cl-Cl \rightarrow H-\overset{\overset{\displaystyle H}{|}}{\underset{\underset{\displaystyle H}{|}}{C}}-\overset{\overset{\displaystyle H}{|}}{\underset{\underset{\displaystyle H}{|}}{C}}-Cl + H-Cl$$

représentation en perspective

◇ ## *Critères de la réaction de substitution*

☐☐☐ **Il n'y a pas de modification de la structure de la molécule :** structure aussi bien géométrique qu'électronique, c'est-à-dire relative aux types de liaisons entre les atomes.

☐☐☐ **Un atome directement lié au carbone est remplacé.**

*1 Å = 1 Ångström = 10^{-10} m (c'est une unité commode).

• **Exemples :**

$$CH_4 + Cl_2 \longrightarrow CH_3Cl + HCl \text{ (p. 66)}$$

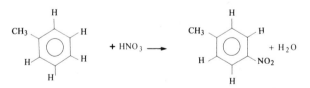

lumière

... + Br₂ ⟶ ... + HBr

... + HNO₃ ⟶ ... + H₂O

... + H₂SO₄ ⟶ ... + H₂O

$$H-C\equiv C-H + [Cu\ NH_3]^+ \longrightarrow H-C-C\equiv Cu + NH_4^+$$

• **Remarque :** les halogènes agissant sur les composés à double ou triple liaison, ne donnent pas de substitution.

• **Exercice :** Mettre en évidence les critères de la substitution dans la réaction de nitration du *toluène*.

$$CH_3 \cdots + HNO_3 \longrightarrow CH_3 \cdots + H_2O$$

Il n'y a pas de modification de la structure :

a. Le toluène est plan ainsi que le para-nitrotoluène.

b. La structure aromatique est conservée.

C'est le H effectivement lié au carbone qui est substitué par le N du groupement NO_2.

Faites de même pour toutes les substitutions rencontrées.

◇ ● *Expérience*

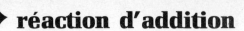

C_2H_4
+
Cl_2

pas d'HCl
après la
réaction

réaction en *formule brute* $C_2H_4 + Cl_2 \rightarrow C_2H_4Cl_2$

réaction en *formule développée*

$$\begin{array}{c} H \\ \diagdown \\ H \end{array} C = C \begin{array}{c} H \\ \diagup \\ H \end{array} + Cl-Cl \rightarrow H - \underset{\underset{H}{|}}{\overset{\overset{Cl}{|}}{C}} - \underset{\underset{Cl}{|}}{\overset{\overset{H}{|}}{C}} - H$$

représentation en perspective

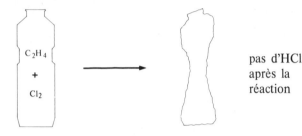

◇ **Critères d'une réaction d'addition**

 a. **Elle n'a lieu qu'avec des composés insaturés.**
b. **Il y a une profonde modification de la structure de la molécule (géométrique et électronique - comparez avec la substitution).**
c. **Au moins deux nouveaux atomes se lient à deux carbones.**

● **Exemples** (voir aussi page 67)

$CH_2 = CH_2 + H_2O \rightarrow CH_3CH_2OH$ éthanol
$H-C\equiv C-H + H_2O \rightarrow CH_3CHO$ *éthanal (p. 67, 151)*
benzène + 3 Cl_2 $\rightarrow C_6H_6Cl_6$ hexachloro-1,2,3,4,5,6-
cyclohexane.

Réaction d'élimination

● **Exemple :**

$$H-\underset{\underset{H}{|}}{\overset{\overset{Cl}{|}}{C}}-\underset{\underset{H}{|}}{\overset{\overset{Cl}{|}}{C}}-H \rightarrow HCl + \underset{H}{\overset{Cl}{}}C = C\underset{H}{\overset{H}{}} \qquad \text{chlorure de vinyle}$$

● **Critères d'une réaction d'élimination**

a. **On obtient un composé insaturé.**
b. **Il y a une profonde modification de la structure.**
c. **Au moins deux atomes directement liés à des carbones sont éliminés.**

● **Attention :** on élimine le plus souvent H_2O, HCl ou HBr, mais jamais Cl_2, H_2. Ainsi $CH_3-CH_2-OH \xrightarrow[Al_2O_3]{300°C} CH_2=CH_2 + H_2O$.

● **Note :** une addition suivie d'une élimination ne conduit pas nécessairement au composé de départ :

$$CH_2=CH_2 \underset{\text{addition}}{\xrightarrow{+ Cl_2}} CH_2Cl-CH_2Cl \underset{\text{élimination}}{\xrightarrow{-HCl}} CHCl=CH_2.$$

● **Exercice :** Mettre en évidence les critères des réactions d'élimination dans la réaction :

Il y a une profonde modification de la structure :
a. Modification géométrique (tridimensionnelle → plane).
b. On passe d'un produit saturé à un produit insaturé.
Les atomes Cl* et H* qui étaient directement liés à des atomes de carbone sont éliminés.
Faites de même avec les autres réactions d'addition et d'élimination.

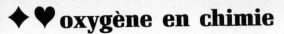
 Etant donné sa place dans le tableau périodique, "O" non chargé est divalent (p. 19).

● Exemples :

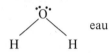 eau

$$\begin{array}{c} H \\ \diagdown \\ \diagup \\ H \end{array} C = \overset{\cdot\cdot}{\underset{\cdot\cdot}{O}} \quad \text{méthanal}$$

☐☐☐ **"O" peut également se lier par un de ses doublets libres, il est alors chargé une fois +**

exemple : l'ion hydronium H_3O^+ (p. 57)

● **Exemples en chimie organique :**

formule générale

alcool	$CH_3 - CH_2 - \overset{\cdot\cdot}{\underset{\cdot\cdot}{O}} - H$	éthanol	$R - \overset{\cdot\cdot}{\underset{\cdot\cdot}{O}} - H$
éther	$C_2H_5 - \overset{\cdot\cdot}{\underset{\cdot\cdot}{O}} - C_2H_5$	diéthyl oxyde ou éther éthylique	$R - \overset{\cdot\cdot}{\underset{\cdot\cdot}{O}} - R'$
aldéhyde	$CH_3 - C \overset{\nearrow \overset{\cdot\cdot}{\underset{\cdot\cdot}{O}}:}{\searrow H}$	*éthanal*	$RC \overset{\nearrow \overset{\cdot\cdot}{\underset{\cdot\cdot}{O}}:}{\searrow H}$
cétone	$CH_3 - C \overset{\nearrow \overset{\cdot\cdot}{\underset{\cdot\cdot}{O}}:}{\searrow CH_3}$	propanone	$R' - C \overset{\nearrow \overset{\cdot}{\underset{\cdot}{O}}\cdot}{\searrow R}$
acide	$CH_3 - C \overset{\nearrow \overset{\cdot}{\underset{\cdot}{O}}\cdot}{\searrow \overset{\cdot\cdot}{O}H}$	acide éthanoïque	$R - C \overset{\nearrow \overset{\cdot\cdot}{\underset{\cdot\cdot}{O}}:}{\searrow \overset{\cdot\cdot}{O}H}$
ester	$C_3H_7 - C \overset{\nearrow \overset{\cdot\cdot}{\underset{\cdot\cdot}{O}}:}{\searrow \overset{\cdot\cdot}{O}CH_3}$	butanoate de méthyle	$R - C \overset{\nearrow \overset{\cdot\cdot}{\underset{\cdot\cdot}{O}}:}{\searrow \overset{\cdot\cdot}{O} - R'}$
chlorure d'acide	$CH_3 - C \overset{\nearrow \overset{\cdot}{\underset{\cdot}{O}}:}{\searrow \overset{\cdot\cdot}{C}l:}$	chlorure d'éthanoyle	$R - C \overset{\nearrow \overset{\cdot}{\underset{\cdot}{O}}:}{\searrow \overset{\cdot\cdot}{C}l:}$

anhydride d'acide	$CH_3 - \overset{\overset{\cdot\cdot}{\underset{\cdot\cdot}{O}}}{\overset{\|}{C}} - \overset{\cdot\cdot}{\underset{\cdot\cdot}{O}} - \overset{\overset{\cdot\cdot}{\underset{\cdot\cdot}{O}}}{\overset{\|}{C}} - CH_3$	$R - \overset{\overset{\cdot\cdot}{\underset{\cdot\cdot}{O}}}{\overset{\|}{C}} - \overset{\cdot\cdot}{\underset{\cdot\cdot}{O}} - \overset{\overset{\cdot\cdot}{\underset{\cdot\cdot}{O}}}{\overset{\|}{C}} - R'$

organique

Passage entre différentes fonctions

● **Oxydation de l'éthanol.**

Le fil de Cu préalablement chauffé catalyse l'oxydation (p. 94) ; c'est l'expérience de la lampe sans flamme. L'éthanal est caractérisé par le *réactif de Schiff.*

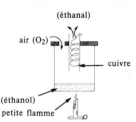

(éthanal)

air (O$_2$)

cuivre

(éthanol)
petite flamme

La réaction se fait à la surface du cuivre. L'énergie de la réaction apparaît sur le catalyseur : le cuivre est porté au rouge tant que la réaction continue.

Généralement, l'oxydation de l'éthanol se déroule en 2 stades* :

$$CH_3CH_2OH \xrightarrow[\text{oxyd.}]{} CH_3CHO \xrightarrow[\text{oxyd.}]{} CH_3COOH$$

Les oxydants usuels sont O$_2$ (+Cu catalyseur), KMnO$_4$, K$_2$Cr$_2$O$_7$.

● **Estérification :**

$$CH_3-C\overset{\displaystyle O}{\underset{\displaystyle OH}{\diagdown}} + HO\,C_2H_5 \rightleftharpoons CH_3C\overset{\displaystyle O}{\diagup}-O-C_2H_5 + H_2O$$

C'est un équilibre. Tout le produit de départ n'est pas transformé.

● **Réaction totale :** p. 116

$$CH_3-C\overset{\displaystyle O}{\diagdown}Cl + C_2H_5\,OH \rightarrow CH_3\,C\overset{\displaystyle O}{\diagup}-O\,C_2H_5 + HCl$$

On obtient aussi une réaction totale avec l'anhydride d'acide.

● **Déshydratation :** a. *élimination* intermoléculaire.

$$C_2H_5OH + HOC_2H_5 \rightarrow C_2H_5-O-C_2H_5 + H_2O$$

b. *élimination* intramoléculaire

$$CH_3-CH_2-OH \xrightarrow[\text{Al}_2\text{O}_3]{300°} CH_2 = CH_2 + H_2O$$

---

*Dans l'expérience de la lampe sans flamme, l'éthanal très volatil s'échappe sans être oxydé. Le deuxième stade d'oxydation n'a pas lieu dans ce cas.

Etant donné sa place dans le tableau périodique "N" non chargé est trivalent (p. 18).

Ses trois liaisons peuvent s'arranger ainsi :

$$\begin{array}{c} H \\ \diagdown \ddot{N} \diagup H \\ | \\ H \end{array} \qquad\qquad \ddot{N} = \qquad\qquad : N \equiv C - H$$

ammoniac   v. tableau   acide cyanhydrique

"N" peut aussi se lier par son doublet libre comme dans l'ion ammonium : N porte alors une charge +

$$\left[\begin{array}{c} H \diagdown \quad \diagup H \\ N \\ H \diagup \quad \diagdown H \end{array}\right]^{+}$$

Exemple en chimie organique

Amine primaire	Amine *secondaire*	Amine *tertiaire*
$CH_3 - \ddot{N} \diagup^H _{\diagdown H}$	$CH_3 - \ddot{N} \diagup^{CH_3} _{\diagdown H}$	$\ddot{N} (CH_3)_3$
méthyl-amine	*diméthyl-amine*	*triméthyl-amine*

Imine

$$CH_3 - C \diagup^H _{\diagdown\!\!= N - H} \qquad\qquad (\text{éthanimine})$$

Amide

$$CH_3 - C \diagup^O _{\diagdown NH_2} \qquad\qquad (\text{éthanamide})$$

Nitrile

$$CH_3 - C \equiv N : \qquad\qquad (\text{éthanenitrile})$$

Acide aminé

$$CH_3 - \underset{\underset{NH_2}{|}}{CH} - C \diagup^O _{\diagdown OH} \qquad \begin{array}{l} (\text{acide amino 2} \\ \text{propanoïque :} \\ \text{ou alanine)} \end{array}$$

● **Noter** les ressemblances et les différences entre les qualificatifs *"primaire, secondaire, tertiaire"* pour les alcools et les amines.

Propriétés chimiques des amines

- Les amines sont des bases (comme l'ammoniac)

$$C_2H_5NH_3^+ + H_2O \leftrightharpoons C_2H_5NH_2 + H_3O^+.$$
acide conjugué   base faible

L'éthyl amine est une base moins faible que l'ammoniac, donc l'ion $C_2H_5NH_3^+$ est un acide plus faible que l'ion NH_4^+

- L'acide éthanoïque réagit avec une amine suivant :

$$CH_3-C\overset{O}{\underset{OH}{\diagdown}} + C_2H_5NH_2 \xrightarrow{\text{sans eau}} CH_3-C\overset{O}{\underset{O^-}{\diagdown}} + C_2H_5NH_3^+$$

Si on chauffe, il y a *déshydratation* :

$$CH_3-C\overset{O}{\underset{O^-}{\diagdown}} + C_2H_5NH_3^+ \xrightarrow[-H_2O]{\text{chauffage}} CH_3-C\overset{O}{\underset{\underset{H}{|}}{\diagdown}}N-C_2H_5$$

Amide

$$C_1-C_2\overset{O}{\underset{\underset{H_4}{|}}{\diagdown}}N-C_3$$

Dans l'amide, la liaison C_2-N est appelée *liaison peptidique*.

Les atomes C_1, C_2, N, C_3, H_4, O sont dans un même plan.
Dans les *polypeptides,* cet enchaînement relie entre eux un grand nombre d'*acides aminés*.
La structure des polypeptides présente donc l'enchaînement suivant :

$$HOOC-\underset{R_1}{\underset{|}{CH}}-NH-\overset{O}{\overset{||}{C}}-\underset{R_2}{\underset{|}{CH}}-NH-\overset{O}{\overset{||}{C}}-\underset{R_3}{\underset{|}{CH}}-NH\ldots$$

— est la liaison peptidique.

La suite des groupes R1, R2, R3... (issus des acides aminés $R_1-\underset{NH_2}{\underset{|}{CH}}-COOH$, $R_2-\underset{NH_2}{\underset{|}{CH}}-COOH$...) caractérise le polypeptide.

Leur nombre varie d'un peptide à l'autre (9 dans la bradykinine, 124 dans la ribonucléase). L'ordre R1, R2... est très important.

On obtient la formule d'un alcool en substituant un H d'un hydro-carbure saturé par le radical OH (nomenclature p. 60-61).

● **Tableau**

Carbure saturé	Alcool primaire	Alcool secondaire	Alcool tertiaire

$$-\overset{|}{\underset{:}{C}}- \quad ^*$$

$$-\overset{|}{\underset{|}{C}}-\overset{|}{\underset{|}{C}}- \quad ^{**}$$

$$-\overset{|}{\underset{|}{C}}-\overset{|}{\underset{|}{C}}-\overset{|}{\underset{|}{C}}- \quad ^{***}$$

$$-\overset{|}{\underset{|}{C}}-\overset{|}{\underset{|}{C}}-\overset{|}{\underset{|}{C}}-\overset{|}{\underset{|}{C}}- \quad ^{***}$$

● **Définition :**

Un *carbone primaire* est lié à 1 (ou 0) atome de carbone.
Un *carbone secondaire* est lié à 2 atomes de carbone.
Un *carbone tertiaire* est lié à 3 atomes de carbone.

Alcool primaire : le carbone portant le OH est primaire et donc porte 2 H.
Alcool secondaire : le carbone portant le OH est secondaire et donc porte 1 H.
Alcool tertiaire : le carbone portant le OH est tertiaire donc ne porte aucun H.

* Les 4 hydrogènes jouent le même rôle donc 1 seul alcool.
** Les 6 hydrogènes jouent le même rôle donc 1 seul alcool.
*** Il y a deux sortes d'H, donc deux alcools différents.

La chimie des alcools

• **Tableau des réactions d'oxydation des alcools.**

A. primaire   → *aldéhyde* → acide
A. secondaire → *cétone*
A. tertiaire

Une oxydation très forte coupe la molécule.

Il y a autant d'étapes d'oxydation que de H portés par le ☐☐☐
carbone fonctionnel.

Alcool primaire : $CH_3CH_2OH + 1/2 O_2 \rightarrow H_2O + CH_3CHO$
   puis $CH_3CHO + 1/2 O_2 \rightarrow CH_3COOH$

Alcool secondaire : $(CH_3)_2CHOH + 1/2 O_2 \rightarrow (CH_3)_2CO + H_2O$.

Alcool tertiaire : pas de réaction (pas de H disponible sur le carbone fonctionnel).

• **Réaction de synthèse des alcools :** *Hydratation des alcènes.*
L'addition d'eau sur un alcène conduit à un alcool (p. 70).
La réaction inverse s'appelle *déshydratation* et ne s'effectue pas dans les mêmes conditions : c'est une élimination (p. 71).

La déshydratation se fait facilement avec les alcools tertiaires en présence d'acides concentrés et chauds (H_2SO_4 ou H_3PO_4) et plus difficilement avec les alcools primaires.

• **Réaction d'estérification** (p. 73, 92, 114, 140, 144)

Les deux coupures principales de la fonction alcool

On constate expérimentalement que les alcools primaires ☐☐☐
coupent préférentiellement la liaison O − H alors que les
alcools tertiaires coupent la liaison C − O.

A l'aide de cette constatation, expliquez simplement :

a. Le bon rendement de l'estérification avec les primaires ;
b. Le mauvais rendement avec les tertiaires ;
c. La déshydratation difficile des alcools primaires ;
d. La déshydratation facile des alcools tertiaires.

Le groupement *carbonyle* ($>C=O$), à ne pas confondre avec carboxyle ($-COOH$), possède une grande variété de propriétés. On se limitera ici à quelques définitions et propriétés caractéristiques.

Aldéhyde $\quad R-C \underset{\diagdown H}{\overset{\diagup O}{}} \quad$ (toujours en bout de chaîne)

Cétone $\quad R-\underset{\underset{O}{\|}}{C}-R'\quad$ (toujours en milieu de chaîne)

Caractérisation d'une molécule ayant un groupement carbonyle. Test à la *2, 4—dinitro phényl hydrazine.* (2, 4 DNPH).

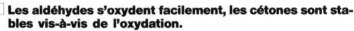

Le composé obtenu est jaune, cristallisé, à point de fusion caractéristique du composé carbonylé de départ.

Différence entre les aldéhydes et les cétones

Les aldéhydes s'oxydent facilement, les cétones sont stables vis-à-vis de l'oxydation.

● **Exemple d'oxydation d'aldéhyde**
a. Test à la *liqueur de Fehling.* (C'est une solution bleue de sulfate de cuivre (II) et de tartrate de sodium.) L'aldéhyde réduit Cu^{2+} en Cu^+ sous forme de précipité rouge d'oxyde de cuivre (I) Cu_2O. L'aldéhyde est oxydé en acide.
b. Test du *miroir d'argent :* si on chauffe un aldéhyde en présence de nitrate d'argent ammoniacal*, un précipité brillant d'argent métallique se dépose sur les parois.

Autre différence entre aldéhyde et cétone
Le *réactif de Schiff* (*fuschine* décolorée par le SO_2) prend une couleur violette en présence d'aldéhyde.

● **Attention :** certains facteurs rendent le test faussement positif : température, vieux réactifs, certaines cétones (propanone).

---

* Préparation du nitrate d'argent ammoniacal (ou *réactif de Tollens*). Ajouter goutte à goutte de *l'ammoniaque* (solution aqueuse d'ammoniac) à une solution de nitrate d'argent jusqu'à apparition d'un précipité noir, puis ajouter juste assez d'ammoniaque en excès pour le redissoudre.

Le glucose $(C_6H_{12}O_6)$

C'est une molécule polyfonctionnelle qui contient une fonction aldéhyde et cinq fonctions alcool. Il fait partie de la famille des *monosaccharides* (ou *oses*).

Le sucre ordinaire est un dimère *(disaccharide)*.
L'*amidon* et la *cellulose* sont des polymères du glucose.

● **Représentations de la formule du glucose**

Forme ouverte
(aldéhyde)

Forme fermée
(hémiacétal)

Dans ces représentations, " ⬠ " signifie que la liaison est en avant du plan de la feuille, " ⬠ " signifie que la liaison est en arrière du plan de la feuille et "−", la liaison est presque dans le plan de la feuille. Certains "H" ne sont pas dessinés pour plus de clarté.

Comportement du glucose vis-à-vis des tests des aldéhydes :
Le réactif de Schiff ne se colore pas en présence de glucose.
Explication : dans l'eau les deux formes (ouverte et fermée) sont présentes mais l'équilibre est déplacé du côté de la forme fermée.

La fonction aldéhyde est "masquée" vis-à-vis de ce réactif.

Par contre, les tests du miroir d'argent et de la liqueur de Fehling sont positifs car les oxydants Cu^{2+} et Ag^+ sont assez forts pour déplacer l'équilibre d'hémiacétalisation.

♡

A une *fonction* sont associés :
— Une définition ;
— Un ensemble de propriétés.

Tous les éléments de cette **classe d'équivalence** * doivent :
a. Répondre à la définition.
b. Posséder toutes les propriétés (à des degrés différents).

● **Définition**

Un *acide carboxylique* possède le groupement
$$-\overset{\overset{\displaystyle O}{\displaystyle \|}}{C}-OH$$

☐☐☐ **La fonction occupe trois liaisons du carbone fonctionnel : la fonction acide se trouve nécessairement en bout de chaîne carbonée.**

● **Propriétés**

Ils sont peu solubles dans l'eau ; seuls les trois premiers acides sont solubles : acides méthanoïque, éthanoïque, propanoïque.
Un acide ajouté à de l'eau pure donne un pH acide.

$$R-COOH + H_2O \underset{2}{\overset{1}{\rightleftharpoons}} R-COO^- + H_3O^+ \text{ (I)}$$

Les acides carboxyliques sont des acides faibles.

Action des solutions basiques sur ces acides :
Les ions H_3O^+ libérés par l'acide (équilibre (I)) réagissent sur les OH^- de la solution basique suivant la réaction (p. 28)

$$H_3O^+ + OH^- \rightleftharpoons 2H_2O$$

La consommation des ions H_3O^+ déplace l'équilibre (I) dans le sens 1. On retrouve en solution l'ion $R-COO^-$ qui est soluble (le CAC RCOONa est soluble et totalement dissocié dans l'eau).
Les chimistes utilisent la formulation :

☐☐☐ **Les acides carboxyliques sont solubles dans les solutions aqueuses basiques.**

---

* "Avoir la même fonction que" est une relation d'équivalence.

Chimie des acides carboxyliques

● Estérification (p. 73, 92, 114, 140, 144)

$$R - \overset{\underset{\|}{O}}{C} - OH + C_2H_5 - OH \longrightarrow R - \overset{\underset{\|}{O}}{C} - O - C_2H_5 + H_2O$$

● Action de l'ammoniac (p. 75) : c'est une réaction acido-basique

$$R - \overset{\underset{\|}{O}}{C} - OH + H - NH_2 \longrightarrow R - COO^- + NH_4^+$$

L'éthanoate d'ammonium chauffé se déshydrate en amide

$$R - \overset{\underset{\|}{O}}{C} - O^- + NH_4^+ \longrightarrow R - \overset{\underset{\|}{O}}{C} - NH_2 + H_2O$$

● Propriété de certains acides : *la décarboxylation.*

Certains acides peuvent se décarboxyler (perte de CO$_2$) □□□

L'acide éthanoïque : $CH_3COOH \rightarrow CH_4 + CO_2$
Les acides aromatiques : $C_6H_5COOH \rightarrow C_6H_6 + CO_2$

Les molécules ayant deux fonctions séparées par un carbone

● **Exemples :** $HOOC - CH_2 - COOH \rightarrow CH_3COOH + CO_2$
$CH_2 = CH - CH_2 - COOH \rightarrow CH_2 = CH - CH_3 + CO_2$

D'autres acides ne se décarboxylent pratiquement pas, exemple : l'acide butanoïque $CH_3 - CH_2 - CH_2 - COOH$: la molécule se casse complétement dans les conditions d'une décarboxylation.

Il y a deux méthodes expérimentales de décarboxylation :
Le chauffage de l'acide en présence d'acide sulfurique, ou le chauffage du CAC* de sodium de l'acide en présence de soude.

Les CAC de sodium d'acide carboxylique sont constitués □□□ d'une partie hydrophile (COO) et d'une partie hydrophobe (la chaîne carbonée).

Dans certaines conditions, une solution aqueuse de tels CAC présente des propriétés très intéressantes (détergents) dues à l'interaction des molécules dipolaires.

*CAC : Composé Anion Cation.

♡

Anhydride d'acide

L'anhydride d'acide est obtenu par déshydratation de l'acide carboxylique avec P_2O_5 (anhydride de l'acide phosphorique) :

$$CH_3-C{\overset{O}{\underset{OH}{}}} + {\overset{O}{\underset{HO}{}}}C-CH_3 \xrightarrow{P_2O_5} CH_3 \overset{O}{C}-O-\overset{O}{C}-CH$$

Pour faire un anhydride, il faut un autre anhydride.

C'est une *déshydratation* intermoléculaire

Certains diacides peuvent donner une déshydratation intramoléculaire.

chauffage $+ H_2O$

acide — 1, 2 — benzendioïque   *anhydride phtalique*
ou ortho-phtalique

Les diacides *méta* $(1-3)$ ou *para* $(1-4)$ ne peuvent donner cette réaction.

♡

Chlorure d'acide

Le chlorure d'acide est obtenu par l'action de $SOCl_2$ (chlorure de l'acide H_2SO_3)

$$2CH_3-\overset{O}{C}-OH + SOCl_2 \rightarrow 2CH_3-\overset{O}{C}-Cl + SO_2 + H_2O$$

Pour faire un chlorure d'acide, il faut un autre chlorure d'acide.

♡

Ester et amide sont également des dérivés d'acides

(p. 73, 75, 81, 92, 114, 144).

La chimie des dérivés d'acide

Réaction des → avec ⌐	Anhydrides et Chlorure d'acide	Esters et Amides
l'eau acide (H_3O^+)	RCOOH : réaction totale et violente	RCOOH + (**produit de départ :** réaction équilibrée
l'eau basique (OH^-)	$RCOO^-$: réaction totale et violente	$RCOO^-$: réaction **totale** c'est la **saponification**
un alcool $(R'OH)$	RCOOR' : réaction totale	RCOOR' + produit de départ : réaction équilibrée
l'ammoniac (NH_3)	$RCONH_2$: réaction totale	$RCONH_2$ + produit de départ : réaction équilibrée
une amine $(R'NH_2)$	RCONHR' : réaction totale	RCONHR' + produit de départ : réaction équilibrée

● **Application :** synthèse du nylon au laboratoire *
Si on superpose une solution de diamine (dans l'eau) à une solution de dichlorure d'acide (dans CCl_4), il se forme à l'interface des deux liquides un film que l'on peut étirer en fil ; c'est du *nylon* (p. 89).

● **Exemple :**

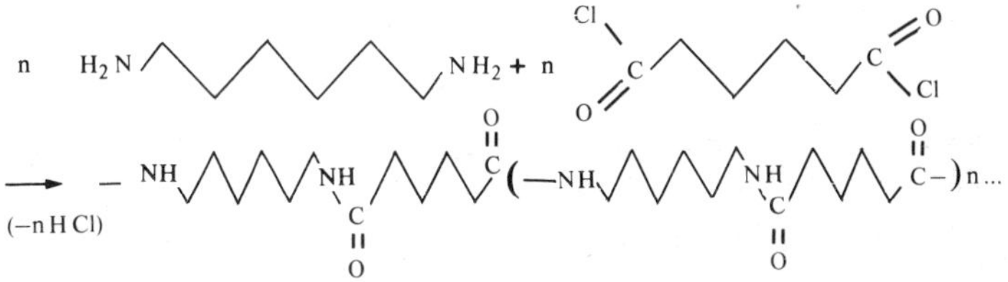

---

* Dans l'industrie, on utilise le *diacide* moins cher, mais la réaction n'est pas totale. Les produits doivent être recyclés.

On nomme ainsi toute molécule portant plus d'une fonction. Ces molécules possèdent généralement les propriétés des deux fonctions.

▢▢▢ **Parfois, on rencontre des propriétés nouvelles dues à la présence simultanée des deux fonctions sur la même molécule.**

Molécule ayant deux fonctions identiques

● Estérification par HNO_3 de l'éthanediol$-1,2$ (ou *glycol* utilisé comme *antigel*).

$$CH_2-OH$$
$$CH_2-OH + 2\,HNO_3 \rightarrow$$

éthanediol$-1,2$

$$CH_2-O-NO_2$$
$$CH_2-O-NO_2 + 2\,H_2O$$

ester inorganique appelé improprement nitro glycol.

● Diacides et dérivés

— p. 81, décarboxylation de l'acide malonique
— p. 82, déshydratation intermoléculaire
— p. 83, préparation du nylon.

Molécule ayant plus de deux fonctions identiques

Le *propanetriol*$-1,2,3$ ou *glycérol* forme facilement un ester inorganique avec HNO_3 : La *trinitroglycérine* (explosif puissant).

$$CH_2-O-NO_2$$
$$CH\ -O-NO_2$$
$$CH_2-O-NO_2$$

↑

notez la différence !

$$O_2N \quad \overset{CH_3}{\underset{NO_2}{\bigcirc}} \quad NO_2 \quad (TNT)$$

↗

Composés ayant deux fonctions différentes

On appelle *aminoacide* tout composé ayant sur la même molécule un groupe NH_2 et un groupe $COOH$. Exemple :
l'acide $6-aminohexanoïque.$ $H_2N-(CH_2)_5-COOH.$

Nous limiterons notre étude aux alpha$-$aminoacides ou acides aminés où les deux fonctions sont portées par le même carbone.

Acides aminés

En solution dans l'eau on observe les équilibres suivants :

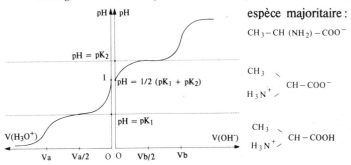

$$pK_1' = 9$$
$$CH_3-CH-COOH + H^+$$
$$\quad\quad\quad NH_2$$
(B)

$$CH_3-CH-COOH$$
$$\quad\quad NH_3^+$$
(diacide) (A)

$$pK_1 = 4$$

$$CH_3-CH-COO^- + 2\,H^+$$
$$\quad\quad\quad NH_2$$
(D)

$$CH_3-CH-COO^- + H^+$$
$$\quad\quad\quad NH_3^+$$
(zwitterion) (C)

Etant donné les valeurs des pK_1, le *diacide* va perdre en priorité le proton de la fonction carboxylique ainsi, l'espèce (B) n'existe pas (ou presque pas) dans l'eau.

Si l'on dissout de l'alanine (formule de l'alanine cristallisée (solide) $CH_3 - CH\,(NH_2) - COOH$ on trouve en solution l'espèce $CH_3 - CH - COO^-$ appelée zwitterion
$$\quad\quad\quad\quad\quad NH_3^+$$

L'eau initialement à $pH = 7$ devient $pH = 1/2\,(pK_1 + pK_2)$: c'est le point *iso-électrique* (I) sur la courbe de dosage.

● **Remarque :** la valeur du pH en ce point ne dépend pas de la dilution

*Dosage** de l'alanine par un acide ou par une base

espèce majoritaire :

$CH_3 - CH\,(NH_2) - COO^-$

pH = pK_2

I $pH = 1/2\,(pK_1 + pK_2)$

$$\begin{array}{l} CH_3 \\ \quad\quad\; CH-COO^- \\ H_3N^+ \end{array}$$

pH = pK_1

$V(H_3O^+)$ $V(OH^-)$

$$\begin{array}{l} CH_3 \\ \quad\quad\; CH-COOH \\ H_3N^+ \end{array}$$

Va   Va/2   O O   Vb/2   Vb

Si H_3O^+ et OH^- versés ont la même concentration, $V_a = V_b$.

*comparez cette courbe (juxtaposition de deux dosages) avec le dosage d'un diacide (p. 132).

♥

Dimérisation

● **Exemple :**

$$CH_2{=}C\diagdown_{CH_3}^{CH_3} + CH_2{=}C\diagdown_{CH_3}^{CH_3} \rightarrow CH_3{-}\overset{CH_3}{\underset{CH_3}{\overset{|}{C}}}{-}CH{=}C\diagdown_{CH_3}^{CH_3}$$

● **Définition :** une réaction telle que M + M → D est une réaction de *dimérisation*. D est un *dimère*.

Trimérisation

● **Exemple :** $3\ \overset{H}{\underset{H}{\overset{|}{C}}}{=}O \rightarrow$ CH₂ ... O ... CH₂ *(trioxane)*

méthanal   O ... CH₂ ... O

Une réaction telle que M + M + M → T est une réaction de *trimérisation*. T est un *trimère*.

♥

Vocabulaire

Monomère : la molécule M est appelée monomère.
On dit qu'une molécule M est un monomère quand elle est mise en jeu en cours d'une réaction de dimérisation, de trimérisation, etc...
Motif : le motif est la forme du monomère dans la molécule de dimère, de trimère, etc...
Dans le trioxane le motif est $-(CH_2{-}O)-$ On le note entre parenthèses et avec une liaison de part et d'autre.

 Dans un cycle, (trioxane), le motif se reproduit exactement. Dans une chaîne, il faut un début et une fin ; le motif est donc modifié aux extrémités de la chaîne.

Le monomère $H_2C{=}C\diagdown_{CH_3}^{CH_3}$ donne le motif $\left[\!\!\!\begin{array}{c} CH_3 \\ | \\ CH_2{-}C{-} \\ | \\ CH_3 \end{array}\!\!\!\right]$

Le trimère s'écrit :

$$H\!\left[\!\!\begin{array}{c} CH_3 \\ | \\ CH_2{-}C{-} \\ | \\ CH_3 \end{array}\!\!\right]\!\!\left[\!\!\begin{array}{c} CH_3 \\ | \\ CH_2{-}C{-} \\ | \\ CH_3 \end{array}\!\!\right]\!CH_2{-}C\diagup_{CH_3}^{{=}CH_2}$$

Polymérisation

● Exemple :

$$n \ CH_2=CH \xrightarrow{\text{catalyseur}} \text{-}[CH_2 - \underset{\underset{Cl}{|}}{CH}]\text{-}[CH_2 - \underset{\underset{Cl}{|}}{CH}]\text{-}n-1$$

Monomère :   polymère :
chlorure de vinyle = chloroéthène   *polychlorure de vinyle* (PCV)

Le motif est $\text{-}[CH_2-\underset{\underset{Cl}{|}}{CH}]\text{-}$

On ne s'intéresse pas au début et à la fin de la chaîne, car les propriétés du polymère dépendent du motif et de la longueur de la chaîne et non des extrémités.

● **Exemple :** $n \ CH_2=CH_2 \xrightarrow{\text{catalyseur}} \text{-}[CH_2-CH_2]\text{-}n$

ou P et T élevées

On remarque encore que monomère et motif sont différents.

Quelle est la valeur de n ?

Un polymère présente des propriétés plastiques intéressantes pour des valeurs de $n > 1000$.
Le nylon possède des propriétés de fibres textiles pour $n > 700$.
Le PCV est intéressant pour $n > 3000$.
Le *polyéthylène* a beaucoup d'applications pour $n > 5000$.

● Remarque : **en chimie, lors d'une réaction A + B → C les molécules C sont toutes identiques ; mais lors de la polymérisation n (M) → Pn, les molécules P_n sont loin d'être identiques ; elles diffèrent par les valeurs de n.**

Les valeurs de n sont à 60 % dans l'intervalle $[n_m - a, \ n_m + a]$ autour d'une valeur moyenne n_m.

● **Exemple :** $n_m = 3000$ $a = 1000$

Les propriétés du polymère dépendent de n_m et de a.

Différents types de macromolécules

● Les *polypeptides* (p. 75) ont des masses molaires élevées mais ne répondent pas à la définition du polymère.

Ils ne sont pas formés de monomères identiques mais de différents acides aminés.

● Les polymères naturels

● **Exemple :** *latex de caoutchouc* naturel   *amidon*

motif :

$$\left[\begin{array}{c} CH_3 \\ CH_2 \end{array} \diagdown C = C \diagup \begin{array}{c} H \\ CH_2 \end{array} \right]$$

monomère :   *isoprène* (p. 61)   *glucose* (p. 79)

● Les polymères artificiels.

Ils sont obtenus chimiquement par transformation de polymères naturels (caoutchouc de chambre à air, pneumatique).

● Les polymères de synthèse.

Ils sont entièrement synthétisés à partir de monomère, soit par *poly-addition* soit par *polycondensation*.

Les polymères de polyaddition

Leur synthèse suit le mécanisme :

$$2\,M \xrightarrow{+ \text{ catalyseur}} \overset{+\,M}{P_2} \rightarrow \overset{+\,\dot{M}}{P_3} \rightarrow \overset{+\,M}{P_4} \rightarrow P_5 \longrightarrow \cdots \rightarrow P_n$$

$M =$ monomère $P_n =$ polymère contenant n motifs

□□□ **Le polymère P_j provient de la réaction $P_{j-1} + M \rightarrow P_j$ ce qui le différencie du polymère de polycondensation.**

* hexanediamine – 1,6 et acide hexanédioïque.

Les polymères de polycondensation

Leur synthèse suit le mécanisme :

$$2\,M \xrightarrow{+\ catalyseur} P_2 \xrightarrow{+\ M} P_3 \xrightarrow{+\ P_7} P_{10} \xrightarrow{+\ P_{80}} P_{90} \longrightarrow \cdots \rightarrow P_n$$

Des petits polymères se condensent par blocs pour en ☐☐☐ **donner de plus gros ; le polymère P_j ne provient pas nécessairement de la réaction**

$$\textbf{P}_{j-1} + \textbf{M} \rightarrow \textbf{P}_j$$

Au cours d'une *polycondensation* il y a souvent perte d'une molécule H_2O, HCl par exemple, le *nylon 6* est obtenu par polycondensation

de $\quad H_2N \diagdown\diagup\diagdown\diagup C \genfrac{}{}{0pt}{}{\displaystyle \nearrow O}{\diagdown OH} \quad$ avec élimination d'H_2O

● **Remarque :** il n'en est pas toujours ainsi : la formation du *polyuréthane* est une polycondensation sans élimination.

● **Remarque :** de nombreuses polycondensations demandent 2 monomères différents, par exemples : le nylon 6, 6 est la polycondensation de *l'hexaméthylène diamine* et de *l'acide adipique*.[*](p. 83).

Les monomères du *tergal (polyester)* sont le diacide téréphtalique (dicarboxy−1, 4−benzène) et le glycol (p. 84).

Remarque expérimentale à propos de l'utilisation du méthanal et de l'éthanal.

Ces deux composés (CH_2O et CH_3CHO) se polymérisent spontanément : n $CH_2O \rightarrow$ *paraformaldéhyde (polymère)*.

Le *paraformaldéhyde* est solide : on le rencontre couramment au fond des bouteilles de solution aqueuse de *méthanal* (formol).
Chimiquement, on ne peut pas utiliser ce solide directement.
Il faut *dépolymériser* ce composé.
Comment ?
En chauffant ce solide, il se forme un gaz (CH_2O) qu'il suffit de récupérer dans le mélange réactionnel.
Dans le cas de l'*éthanal,* le *polymère* est le *paraldéhyde* et la *dépolymérisation* s'effectue en milieu acide, à chaud.

• **Définition** : la cinétique chimique étudie les vitesses de disparition (ou d'apparition) de tel ou tel réactif (ou produit) au cours d'une réaction.

En présence d'une flamme la réaction $H_2 + 1/2\,O_2 \rightarrow H_2O$ a une cinétique très rapide (explosive même). Les réactifs H_2 et O_2 disparaissent et le produit H_2O apparaît très rapidement. A température ambiante la cinétique de cette même réaction est extrêmement lente (il est en effet possible de conserver le mélange tonnant sans qu'il y ait de réaction apparente).

Dans $H_2 + 1/2\,O_2 \rightarrow H_2O$ il faut couper $H-H$, couper $O-O$ et former $H-O$.

▢▢▢ **La cinétique permet parfois de trouver le mécanisme d'une réaction, c'est-à-dire l'ordre dans lequel les liaisons sont cassées et formées, donc les positions des atomes à chaque étape réactionnelle.**

Vocabulaire utilisé

• **énergie de liaison** : c'est l'énergie qu'il faut fournir pour casser une liaison ; exemple : $Cl-Cl \rightarrow Cl\cdot + Cl\cdot$

• **état excité** : si on fournit une certaine quantité d'énergie à une molécule **et si la molécule capte effectivement cette énergie,** la molécule est dans un état excité noté : $Cl_2 \xrightarrow{\text{lumière}} Cl_2^*$.

• **rupture d'une liaison** : si l'énergie de l'état excité est plus grande que l'énergie d'une des liaisons de la molécule, ladite liaison peut se rompre $(Cl-Cl)^* \rightarrow Cl\cdot + Cl\cdot$ (chaque atome de Cl a son électron de liaison).
C'est ce qu'on appelle une étape *monomoléculaire*.

• **choc bimoléculaire** : si deux molécules se rencontrent et si le choc est suffisamment efficace, il peut y avoir rupture de liaison. C'est une étape bimoléculaire.

• **intermédiaire réactionnel** : c'est tout composé éventuellement isolable qui apparaît pendant la réaction et qui disparaît à la fin. Il n'apparaît pas dans le bilan.

Facteurs cinétiques

Dans une réaction *bimoléculaire,* plus il y aura de chocs efficaces, plus la vitesse sera grande.

L'augmentation de la concentration des réactifs accélère la cinétique.

Plus les réactifs sont concentrés et plus il y aura de chocs, donc la vitesse augmente.

La cinétique augmente avec la température.

L'élévation de la température augmente le nombre de chocs et leur efficacité.

Dans les conditions ordinaires, la vitesse double (environ) quand la température s'élève de 10 degrés.

Le catalyseur (p. 94) : il accélère certaines étapes, par exemple en affaiblissant des liaisons difficiles à rompre.

Aspect quantitatif

On suit l'évolution d'une réaction en mesurant la concentration de C qui se forme aux temps t1, t2...

$$A \quad + \quad B \longrightarrow C$$

à t = 0	(A) = a	(B) = b	(C) = 0
à t	(A) = a − x	(B) = b − x	(C) = x

Par définition, la vitesse de réaction est la vitesse d'apparition de C.

C'est : $v = \dfrac{d(C)}{dt} = \dfrac{dx}{dt}$

La pente pour $t = t_1$ donne la valeur de la vitesse de la réaction à $t = t_1$

Que vaut $\dfrac{d(A)}{dt}$?

$$\frac{d(A)}{dt} = \frac{d(a-x)}{dt} = -\frac{dx}{dt}^* = -v$$

Le signe "−" rappelle que A disparaît pendant la réaction.

Vitesse de la réaction : $v = -\dfrac{d(A)}{dt} = -\dfrac{d(B)}{dt} = \dfrac{d(C)}{dt}$

*Voir cours de mathématiques.

● **Définition :** le mécanisme d'une réaction chimique, c'est l'ordre dans lequel se cassent et se forment les liaisons au cours d'une réaction.

☐☐☐ **On connaît un mécanisme quand on connaît à chaque instant les positions de tous les atomes mis en jeu.**

● **Exemple :** mécanisme de la réaction d'estérification.

$$\text{Bilan :} \rightarrow CH_3\overset{\displaystyle O}{\overset{\|}{C}} - OH + C_2H_5OH \rightleftharpoons CH_3\overset{\displaystyle O}{\overset{\|}{C}} - O - C_2H_5 + H_2O$$

Mécanisme** :

catalysée par H_3O^+

$$CH_3-\overset{\displaystyle O}{\overset{\|}{C}}-OH + H^+ \quad \rightleftharpoons \quad CH_3-\overset{\displaystyle \overset{+}{O}\diagdown^H}{\overset{\|}{C}}-OH$$

intervention du catalyseur (p. 94)

$$CH_3-\overset{\displaystyle \overset{+}{O}\diagdown^H}{\overset{\|}{C}}-OH + C_2H_5OH \quad \rightleftharpoons \quad CH_3-\overset{\displaystyle OH}{\underset{\displaystyle H-\overset{+}{O}\diagdown C_2H_5}{C}}-OH^*$$

étape d'*addition* (p. 70)

$$CH_3-\overset{\displaystyle OH}{\underset{\displaystyle H-\overset{+}{O}-C_2H_5}{C}}-OH^* \quad \rightleftharpoons \quad CH_3-\overset{\displaystyle OH}{\underset{\displaystyle O\,C_2H_5}{C}}-O\overset{+}{\diagdown\diagup}\overset{H}{\underset{H}{}}$$

étape de *transposition* de H^+

$$CH_3-\overset{\displaystyle OH}{\underset{\displaystyle O\,C_2H_5}{C}}-O\overset{+}{\diagdown\diagup}\overset{H^*}{\underset{H}{}} \quad \rightleftharpoons \quad CH_3-\overset{\displaystyle \overset{+}{O}\diagdown^H}{\overset{\|}{C}}-O\,C_2H_5 + H_2O$$

étape d'*élimination* (p. 71)

$$CH_3-\overset{\displaystyle \overset{+}{O}\diagdown^H}{\overset{\|}{C}}-O\,C_2H_5 \quad \rightleftharpoons \quad CH_3-\overset{\displaystyle O}{\overset{\|}{C}}-O\,C_2H_5 + H^+$$

le catalyseur est restitué (p. 94)

---

*Ces deux *intermédiaires réactionnels* sont appelés *intermédiaires tétraédriques*.
**Le mécanisme n'est pas à connaître par cœur.

Toutes les étapes ici sont des équilibres. Le bilan est donc bien un équilibre.

Sur ce mécanisme on suit le " O " de l'alcool qu'on retrouve sur l'ester (et non dans H_2O).

Le catalyseur H^+ intervient effectivement.

Ce mécanisme rend compte des faits expérimentaux connus :

— La réaction est catalysée par un acide fort ;

— C'est un équilibre ;

— Si on marque l'alcool avec ^{18}O ($C_2H_5\,^{18}OH$), on ne trouve pas de molécule d'eau marquée $H_2\,^{18}O$, c'est l'ester qui est marqué $CH_3CO\,^{18}O\,C_2H_5$.

Cas particulier

● Exemple de mécanisme de *réaction en chaîne*.

● Bilan : $CH_4 + Cl_2 \rightarrow CH_3Cl + HCl$

Mécanisme :

$$Cl_2 \xrightarrow{\text{lumière}} Cl_2^* \qquad\qquad \textit{excitation}$$

$$Cl_2^* \longrightarrow Cl^{\cdot} + Cl^{\cdot} \qquad\qquad \textit{initiation}$$

$$CH_4 + Cl^{\cdot} \longrightarrow CH_3^{\cdot} + HCl$$

$$CH_3^{\cdot} + Cl_2 \longrightarrow Cl^{\cdot} + CH_3Cl \qquad \left.\right\} \textit{propagation}$$

$$Cl^{\cdot} + CH_3^{\cdot} \longrightarrow CH_3Cl + \text{énergie}$$

$$Cl^{\cdot} + Cl^{\cdot} \longrightarrow Cl_2 + \text{énergie} \qquad \left.\right\} \textit{terminaison}$$

On représente le maillon de la chaîne réactionnelle, qui traduit les équations de propagation.

Pour une initiation on a en moyenne une centaine de propagations et une terminaison.

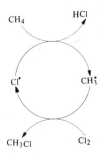

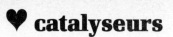

Définition

Un catalyseur est un composé qui accélère la vitesse d'une réaction sans toutefois en modifier le bilan.

● **Exemple :** lors de la réaction d'*estérification,* l'apport d'ions H_3O^+ au milieu réactionnel, accélère la vitesse, toute chose inchangée par ailleurs.

On dit que les *ions* H_3O^+ catalysent l'estérification.

Ce que dit la définition

Le catalyseur est un composé.

Lumière et température ne peuvent en aucun cas être appelées catalyseur (p. 148).
Le mélange $H_2 + O_2$ ne réagit pas tel quel ; la réaction a lieu en présence de mousse de platine, ou en présence d'une flamme.
Le platine est un catalyseur, mais pas la flamme.

Le catalyseur augmente la vitesse de la réaction.

La cinétique est profondément modifiée par la catalyse. L'évolution de $CH_2 = CH_2 + H_2$ n'est pas visible telle quelle. Mais en présence de catalyseur, le *nickel de Raney,* la réaction se fait en quelques minutes. Le nickel augmente considérablement la vitesse de l'*hydrogénation.*

Les *enzymes* sont des catalyseurs biochimiques extrêmement spécifiques et très actifs.

● **Remarque :** un catalyseur réalisant en quelques minutes une réaction qui, en son absence, se ferait en 10^6 ans, ne permet pas une réaction impossible ; il accélère ladite réaction.

Ne pas confondre très très lent et impossible.

(Un pourboire est un catalyseur ; un pot-de-vin ne l'est pas).

Le catalyseur ne modifie pas le bilan d'une réaction.

L'état final est le même mais on s'en approche plus vite.

● **Exemple :** l'*estérification* (catalysée par H_3O^+) donnera le même rendement (66 % avec l'alcool primaire) avec ou sans catalyseur.

Conséquences immédiates :

a. Le catalyseur agit sur la réaction inverse.

● **Exemple :** les ions H_3O^+ catalysent l'*hydrolyse* autant que l'*estérification.*

b. Comme le bilan final est le même, le catalyseur doit être régénéré. Dans le mécanisme, le catalyseur intervient mais doit être restitué au cours d'une des dernières étapes dudit mécanisme.

Dans certains cas, le catalyseur est détruit ou consommé par une réaction annexe.

● **Attention :** la réaction *Glucose → Fructose* ne se fait pas alors que Glucose + *ATP →* Fructose + *ADP + Phosphate* se fait bien.

L'ATP n'est pas un catalyseur, mais un réactif qui, fournissant de l'énergie, rend la réaction possible.

Ce que ne dit pas la définition :

● La quantité de catalyseur n'est pas précisée : elle dépend de chaque cas expérimental. Les enzymes, certains catalyseurs par exemple : *Ziggler Natta,* (polymérisation de l'éthylène) activent fortement la cinétique quoique utilisés en très faible quantité. D'autres, H_3O^+ dans l'*estérification,* le Nickel dans l'*hydrogénation...* sont généralement ajoutés en très grande quantité.

● La définition ne précise pas si une réaction peut être catalysée ; il existe des réactions très lentes que l'on ne sait pas catalyser.

Modèle et image du catalyseur

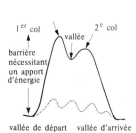

Une montagne vue en coupe (fig.) rend bien compte des phénomènes observés en cinétique.

Le chemin qui franchit les cols en altitude nécessite un apport d'énergie.

La cinétique augmente avec la température (p. 91).

Cette barrière, dite d'activation de la réaction, est franchie d'autant plus vite que la température est élevée.

La route qui contourne la montagne à moyenne altitude est plus rapide et nécessite un faible apport d'énergie. C'est le rôle du catalyseur de permettre un autre chemin réactionnel.

Les deux grandes propriétés de l'aluminium sont :
a. Propriété acido-basique de Al^{3+}.
b. Propriété oxydo-réductrice du couple Al/Al (III).

Propriétés acido-basiques de l'aluminium au degré d'oxydation + III

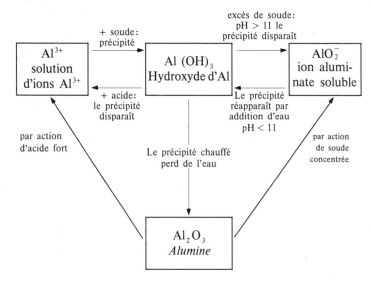

$$Al^{3+} + 3\ OH^- \rightleftharpoons Al(OH)_3$$
$$Al(OH)_3 + OH^- \rightleftharpoons Al(OH)_4^- \rightleftharpoons AlO_2^- + 2\,H_2O$$
$$2\ Al(OH)_3 \rightarrow Al_2O_3 + 3\,H_2O$$

♡ *L'aluminium est un métal très réducteur*

Il réduit la plupart des ions métalliques en solution aqueuse.
Le potentiel du couple Al/Al^{3+} est $-1,67\,V$.

Par voie sèche il réduit les oxydes de fer (*aluminothermie*), de cuivre... la vapeur d'eau et le CO_2.

● **Exercice :** équilibrez de telles réactions à l'aide des nombres d'oxydation (p. 52).

Métallurgie de l'aluminium

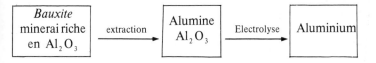

- **Extraction de l'alumine à partir de la bauxite**
(on utilise les propriétés acido-basiques).

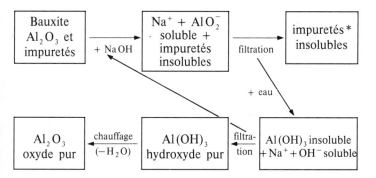

- **Electrolyse de l'alumine,** grâce à ses propriétés d'oxydo-réduction
(p. 50).
On dissout l'alumine (7 %) dans la *cryolithe* à 1000° C.
L'électrolyse donne à la cathode : de l'aluminium pur (liquide) ; à
l'anode : de l'oxygène qui peut oxyder *les électrodes.*

- **Utilisation de Al**

L'aluminium obtenu est pur à 99,8 %. C'est le 2ème métal le plus
utilisé après le fer. Sa densité 2,7 en fait un métal de choix quand on
cherche à réduire le poids. Il est utilisé pur ou dans les alliages. A
l'air, il se couvre d'une mince couche d'Al_2O_3 imperméable à l'air
qui protège l'aluminium de l'oxydation **.

Boues rouges que certains pays rejettent en Méditerranée.
** Application à la conservation des aliments, du lait, du café... dans des sachets en aluminium.

La croûte terrestre renferme 5 % de l'élément fer. Un minerai de fer exploitable doit avoir une concentration élevée (20 % en fer). Les mines ou mieux les carrières doivent être situées à une faible distance de la zone d'exploitation ou éventuellement à proximité de la mer.

Métallurgie du fer

Pour le chimiste, la réaction oxyde de fer → fer est une réduction. On réduit par l'*hydrogène,* le *monoxyde* de carbone, par des métaux très réducteurs (aluminium) ou par *électrolyse.*

Pour le métallurgiste, le meilleur réducteur est le moins cher.

Le monoxyde de carbone provient de la réaction :
Oxygène (de l'air) + coke (distillation de la houille) → CO.

Les impuretés sont éliminées sous forme de laitier (on obtient un laitier liquide pour une certaine proportion de calcaire et d'argile : suivant la nature des impuretés du minerai, on ajoute l'un ou l'autre des produits).

Dans les hauts fourneaux modernes on cherche à minimiser la consommation du coke. La moyenne admise de 1000 kg de coke par tonne de fonte il y a quelques années, est passée à 700 kg.

La France produit annuellement 22 millions de tonnes de fer (soit 400 kg par Français et par an), ce qui consomme 15 à 20 millions de tonnes de charbon.

Passage fonte-acier

La fonte renferme 3 à 5 % de carbone et des impuretés : silicium, phosphore... On commence d'abord par brûler les impuretés puis on ajoute du carbone et d'autres éléments tels que Mn, Ni, Co pour avoir la composition désirée...

Cycle du fer

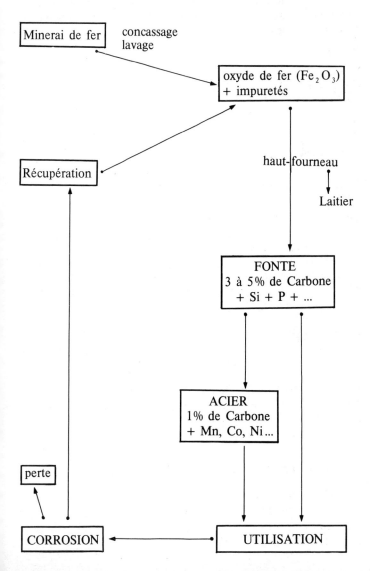

La corrosion du fer

"Pendant que vous lisez cette simple phrase, 600 kg de fer disparaissent par corrosion en France".

Lors de la corrosion, le fer s'oxyde : il *rouille*.

La rouille, à base de Fe_2O_3, se forme quand le fer se trouve simultanément en présence d'oxygène et d'eau (O_2 et H_2O).

L'oxygène dissous dans l'eau ($0,001$ mol$\cdot$l^{-1}) suffit à oxyder en quelques jours un morceau de fer qui y serait plongé.
L'air humide oxyde également le fer.

Equation d'oxydation

● Sans eau :

$$Fe + O_2 \xrightarrow[\substack{température \\ ambiante}]{air\ sec} \text{pas de corrosion}$$

$$2\,Fe + 3/2\,O_2 \xrightarrow[\text{à } 500^{\circ}C]{air\ sec} Fe_2O_3$$

C'est l'oxydation du fer par voie sèche à haute température.

● Avec de l'eau :

clou en fer plongé dans l'eau, contenant de l'oxygène dissous :

$$Fe \rightleftharpoons Fe^{2+} + 2e$$
$$1/2\,O_2 + 2H^+ + 2e \rightleftharpoons H_2O$$
$$Fe + 1/2\,O_2 + 2H^+ \rightarrow Fe^{2+} + H_2O$$

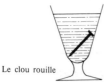

Le clou rouille

Les ions Fe^{2+} sont eux-mêmes oxydés par l'oxygène dissous :

$$2\,Fe^{2+} + 1/2\,O_2 + 2H^+ \rightarrow 2\,Fe^{3+} + H_2O$$

L'hydroxyde de fer (III) est insoluble, $Fe(OH_3)$ précipite (couleur rouille).

du fer

Protection du fer contre la corrosion

Certaines substances accélèrent la corrosion : eau de mer, eau acide..., d'autres en réduisent l'importance : *phosphate*...

Protection mécanique

Le fer recouvert d'une substance imperméable à l'eau et à l'oxygène est protégé (fer chromé, peinture au *minium*).

Protection électrochimique

● **Expérience** *   ● **Résultats**

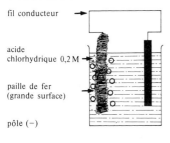

fil conducteur →

acide chlorhydrique 0,2 M →

paille de fer (grande surface) →

pôle (−)

Zn

pôle (+)

L'hydrogène se dégage sur le fer mais c'est le zinc qui s'oxyde, avec apparition d'ions Zn²⁺ en solution.

● **Explication :**

Le potentiel de Zn/Zn^{2+} est plus négatif que celui de Fe/Fe^{2+}.

Au niveau du zinc	Dans le conducteur	Au niveau du fer
Le zinc s'oxyde préférentiellement.	Transport des électrons.	Dégagement de H_2
$Zn \longrightarrow Zn^{2+} + 2e$		$2e + 2H^+ \longrightarrow H_2$

● **Applications :** *les coques de bateaux* en acier et les canalisations en fer sont protégées par des anodes de zinc qui sont attaquées à la place du fer. Il faut renouveler ces anodes périodiquement.

Autres protections

Les peintures bichromatées allient une couverture mécanique et la formation d'un oxyde protecteur. Les aciers inoxydables ne sont pas attaqués dans la plupart des applications courantes.

---

* Comparez cette expérience et celle de la pile Daniell et justifiez l'appellation d'*anodes* pour les blocs de zinc anticorrosion.

Le soufre se rencontre à différents degrés d'oxydation dans les molécules. Dans la nature, on trouve le soufre au degré II, sous forme d'H_2S dans le gaz de Lacq, au degré 0 (soufre natif), au degré VI dans les *sulfates*.

$-II$	0	IV	VI
H_2S	S	SO_2	SO_3
FeS			SO_4^{2-}

L'industrie est gourmande d'*acide sulfurique*; il est intéressant de connaître les procédés qui permettent de passer des degrés;

$$(-II) \rightarrow (0) ; (0) \rightarrow (IV) ; (IV) \rightarrow (VI).$$

● Obtention de S à partir de H_2S

$H_2S + 1/2\ O_2 \rightarrow S + H_2O$
Une partie de ce soufre s'oxyde dans ces conditions :

$$S + O_2 \rightarrow SO_2$$

Mais le *dioxyde de soufre* réagit lui-même sur H_2S :

$2H_2S + SO_2 \rightarrow 3S + 2H_2O$

● Obtention de SO_2, SO_3, H_2SO_4

$S + O_2 \qquad \rightarrow SO_2$
$SO_2 + 1/2\ O_2 \rightarrow SO_3$ en présence de V_2O_5 catalyseur.

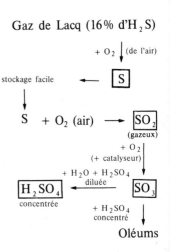

Gaz de Lacq (16 % d'H_2S)

SO_3 mal soluble dans l'eau est dissous dans l'acide sulfurique dilué. On obtient ainsi de l'acide sulfurique concentré. Si on continue à dissoudre SO_3 dans l'*acide sulfurique,* on obtient un *oléum.*

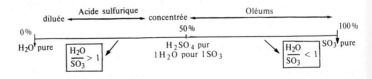

Propriétés des solutions diluées

C'est un diacide fort : (page 30).

$$H_2SO_4 + H_2O \rightarrow HSO_4^- + H_3O^+$$

$$HSO_4^- + H_2O \rightleftharpoons SO_4^{2-} + H_3O^+ \quad pK = 1,9 \text{ (réaction presque totale)}$$

Quand on a une solution d'une mole par litre d'acide sulfurique, on considère que deux moles de H_3O^+ sont présentes en solution.

D'où l'appellation : diacide fort (p. 135).

Action sur les métaux (due à H_3O^+, page 45).

Il forme un précipité avec les CAC de baryum :

$$Ba^{2+} \text{ (de } Ba(NO_3)_2) + SO_4^{2-} \text{ (de } H_2SO_4) \rightarrow BaSO_4 \text{ (insoluble)}$$

Propriétés des solutions concentrées (VITRIOL).

H_2SO_4 très concentré est un déshydratant puissant : il permet de sècher les gaz pouvant contenir de la vapeur d'eau et de déshydrater :

— Les sucres ;
— La matière vivante (vitriol des dames jalouses) ;
— De nombreuses molécules organiques (alcools) ;
— Certains hydrates minéraux.

L'ion SO_4^{2-} est un oxydant à chaud et concentré (p. 45).
Le cuivre est attaqué par H_2SO_4

$$Cu \rightleftharpoons Cu^{2+} + 2e$$
$$SO_4^{2-} + 4H^+ + 2e \rightleftharpoons SO_2 + 2H_2O$$
$$\overline{Cu + SO_4^{2-} + 4H^+ \rightarrow SO_2 + Cu^{2+} + 2H_2O}$$

C'est de cette manière que le cuivre est décapé industriellement.

Propriétés des oléums

Les oléums sont utilisés pour la *sulfonation :* des noyaux aromatiques (p. 69) ; des alcanes à longue chaîne (p. 66).

- **Définition :** on appelle *solution* un mélange *homogène* liquide.

- **Exemple :** eau salée, eau sucrée, vinaigre quand il n'y a pas de dépôts...
Dans une *solution,* un élément est abondant, c'est le *solvant.*

 Il assure l'état liquide du système.

Les autres corps sont les solutés.

- Exemple : dans l'eau de mer le solvant est l'eau et les ions Na^+, K^+, Cl^-... dissous sont les *solutés*. Les principaux solvants utilisés sont : l'alcool (parfum), le trichloréthylène (graisses)... l'eau, de loin le plus courant et partout utilisé sur terre (chimie, biologie, mer, rivière...).

- **Concentration.** Elle permet de connaître la quantité de soluté dissous dans une solution donnée.

La concentration, ou concentration molaire, est par définition :

$$C = \frac{n}{V}$$

C est la concentration en moles par litre ;
n est le nombre de moles de l'espèce dissoute ;
V est le volume de la solution (en litre) ;

On rappelle que le volume de la solution est peu différent du volume du solvant, car le soluté est toujours peu abondant.

- **Exemple :** si on ajoute 0, 2 moles de NaCl à 5 litres d'eau, le CAC se dissout, puis se dissocie en Na^+ et Cl^- ;

on a : $(Na^+) = 0,04 \ mol \cdot l^{-1}$ et $(Cl^-) = 0,04 \ mol \cdot l^{-1}$
(Na^+) signifie concentration en l'espèce Na^+.

Les concentrations interviennent souvent dans les deux actes élémentaires suivants :

- **La prise d'essai** où la concentration ne change pas.

- **La dilution** où le nombre de moles ne change pas.

Le prélèvement ou prise d'essai

$V_1 = 500 \text{ cm}^3$ $V_2 = 10 \text{ cm}^3$
$C_1 = 0,04 \text{ mol} \cdot \text{l}^{-1}$ $C_2 = ?$
$n_1 = ?$ $n_2 = ?$

Le bécher est plein de la même solution que la bouteille.

La concentration dans le bécher est la même que dans la bouteille.

$$C_1 = C_2 \text{ (ce sont des moles par litre)}$$

Ce qui a changé, c'est le nombre de moles
$n_1 = C_1 \cdot V_1 = 0,500 \times 0,04 = 0,02 \text{ mol.}$
$n_2 = C_2 \cdot V_2 = 0,010 \times 0,04 = 0,0004 \text{ mol.}$

La dilution

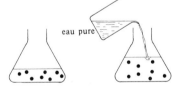

eau pure

$V_1 = 20 \text{ cm}^3$ $V = 500 \text{ cm}^3$
$C_1 = 0,1 \text{ mol} \cdot \text{l}^{-1}$ $C_2 = ?$
$n_1 = ?$ $n_2 = ?$

Le nombre de moles de soluté est le même avant et après la dilution.

$$n_1 = n_2 \text{ (ce sont des nombres de moles)}$$

Ce qui a changé, c'est la concentration :
$n_2 = n_1 = C_1 \cdot V_1 = 0,020 \times 0,1 = 0,002 \text{ mol.}$
D'où : $C_2 = n_2/V_2 = 0,002/0,5 = 0,004 \text{ mol} \cdot \text{l}^{-1}$.

✦ ♥ molarité

Une solution d'acide acétique est molaire si on a une mole par litre de cet acide en solution.

Sur l'étiquette de la bouteille, il sera écrit :

CH_3COOH 1 M ou 1 $mol \cdot 1^{-1}$

On parle aussi de solutions 0,1 M ou décimolaire
                                          0,01 M ou centimolaire...
Souvent on remplace l'unité $mol \cdot 1^{-1}$ par M.

● **Exemple** : 1,12 l de gaz chlorhydrique (HCl) est dissous dans 125 cm^3 d'eau ; que valent les concentrations en H_3O^+ et Cl^- ? On sait (p. 25) que $HCl + H_2O \rightarrow H_3O^+ + Cl^-$

Dans les conditions normales, une mole de gaz occupe un volume de 22,4 l. Donc dans 1,12 l il y a 1,12/22,4 mole de HCl.
(Soit n_{HCl} = 0,05 mol). n désigne le nombre de moles.

Une fois dissous HCl se dissocie et on a : $n_{H_3O^+}$ = 0,05 mol
n_{Cl^-} = 0,05 mol
Ce nombre de mole est dans le volume : V   = 0,125 l

Par définition, la concentration est :

$$C = \frac{n}{V} \text{ et } (H_3O^+) = \frac{0,05}{0,125} = 0,4 \text{ } mol \cdot 1^{-1}$$

On a donc (H_3O^+) = 0,4 M et (Cl^-) = 0,4 M.

● **Autre exemple** : le sulfate de cuivre (II) est commercialisé sous forme d'hydrate de formule $CuSO_4 \cdot 5H_2O$. Quelle quantité faut-il peser pour obtenir 1 litre d'une solution centimolaire ?

La masse molaire est : MM = 63,5 + 32 + 64 + 90 = 249,5 $g \cdot mol^{-1}$.

Il faut donc peser 2,5 g de sulfate cuivre (II) pour faire 1 litre de solution 0,01 M.

Normalité

L'acide sulfurique H_2SO_4 peut libérer deux ions H_3O^+ en solution aqueuse par molécule d'acide dissoute.

Le préparateur qui a fait une solution 0,3 M de H_2SO_4 a effectivement mis 0,3 mole de H_2SO_4 dans un litre d'eau.
L'élève qui va utiliser cette solution en tant qu'acide va mettre en jeu 0,6 mole d'ion H_3O^+ (car $1\,H_2SO_4$ libère $2\,H_3O^+$).

L'un dit : "j'ai préparé une solution 0,3 molaire".
L'autre : "j'ai utilisé une solution 0,6 Normale".
Le terme de normalité n'est autre que la concentration de l'entité qui intéresse l'élève.

En oxydo-réduction ce sont les électrons qui sont échangés, et non les H_3O^+.
Quand l'élève fait un dosage avec du permanganate, il met en jeu le couple MnO_4^-/Mn^{2+} dont la demi-équation est :

$$MnO_4^- + 8\,H^+ + 5e \rightleftharpoons Mn^{2+} + 4\,H_2O.$$

Quand le préparateur fait une solution $0,05\ mol\cdot l^{-1}$, l'élève utilise une solution 0,25 N. Car **une** mole de permanganate peut céder **cinq** moles d'électrons.

Si une espèce chimique a des propriétés acido-basiques et rédox, on lui attribue une normalité dans chaque cas.

● **Par exemple :** l'acide méthanoïque 0,2 M sera :

0,2 N dans $H\,COOH + H_2O \rightleftharpoons H\,COO^- + H_3O^+$
et 0,4 N dans $H\,COOH \rightleftharpoons CO_2 + 2\,H^+ + 2e$

C'est à l'élève de reconnaître dans l'énoncé si l'on utilise les propriétés acido-basiques ou rédox de l'acide méthanoïque.
Bien qu'on puisse se passer aisément des normalités pour les acides, ce concept est très utile en oxydoréduction.

Les problèmes de chimie sont toujours simples ; même les chimistes peuvent les résoudre !

Soit le bilan de l'oxydation du soufre par l'oxygène :

$$S + O_2 \rightarrow SO_2$$

Quel que soit le problème posé autour de cette réaction, il faut répondre avant tout à ces quelques points :

● Les composés sont-ils liquides (l), solides (s) ou gazeux (g) dans les conditions de l'expérience ?
Les connaissances élémentaires indiquent que le soufre est solide, l'oxygène et le dioxyde de soufre sont gazeux.
L'énoncé rappelle parfois ces données.

● *L'équation-bilan* est-elle équilibrée ? La stœchiométrie est à la base de tout raisonnement en chimie.
Ici les coefficients stœchiométriques sont égaux à 1 ; on dit que la réaction se déroule mole à mole. Il n'en n'est pas toujours ainsi : dans $2H_2 + O_2 \rightarrow 2H_2O$, les cœffiicents stœchiométriques sont 2 pour H_2, 1 pour O_2 et 2 pour H_2O.

Le chimiste raisonne macroscopiquement, il utilise les moles et non les molécules.

Calcul des masses molaires des composés, notées MM (...)
Réactifs : $MM(S) = 32$ g·mol^{-1} et $MM(O_2) = 32$ g·mol^{-1}.
Produits : $MM(SO_2) = 64$ g·mol^{-1}.

Tous les gaz étant considérés comme parfaits en chimie (p. 10) 32 g d'oxygène ou 64 g de dioxyde occupent un volume de 22,4 l dans les conditions normales de pression et de température.

Si l'énoncé nous indique que 5 g de soufre ont réagi, on peut répondre aux questions suivantes :

a. Quelle quantité d'oxygène a été consommée ?
b. Quelle quantité de dioxyde de soufre a-t-on formée ?

On fait le tableau suivant, et dans la rédaction du problème on omet les résultats non demandés.

S (s)		O_2 (g)			SO_2 (g)		
mole	masse	mole	masse	volume	mole	masse	volume
1	32 g	1	32 g	22,4 l	1	64 g	22,4 l
	5 g			?	?		?	?

La première ligne est le fruit de la réflexion préliminaire.
La dernière ligne résume les conditions données et les résultats à chercher.

La ou les lignes intermédiaires sont réservées au calcul : présenté sous forme de tableau, il est toujours plus facile d'y retrouver une erreur.
On remplit alors le tableau ligne par ligne.

S (s)		O_2 (g)			SO_2 (g)		
mole	masse	mole	masse	volume	mole	masse	volume
1	32 g	1	32 g	22,4 l	1	64 g	22,4 l
1/32	1 g	1/32	1 g	22,4/32	1/32	2 g	22,4/32
	5 g			5 g	0,14 l		10 g	0,14 l

● **Exemple :** $2\ Al + 3I_2 \rightarrow 2\ AlI_3$

Al, I_2 et AlI_3 sont solides. On ne parlera pas de leur volume.
Masse molaire : Al, 27 g. mol^{-1}, I_2, 254 g. mol^{-1}, AlI_3, 418 g. mol^{-1}
Les coefficients stœchiométriques sont 2, 3 et 2.

● **Problème :**

On obtient 16,32 g de AlI_3 ; quelles étaient les quantités d'iode et d'aluminium utilisés ?

Al (s)		I_2 (s)		AlI_3 (s)	
mole	masse	mole	masse	mole	masse
2	54 g	3	762 g	2	816 g
0,04	1,08 g	0,06	15,24 g	0,04	16,32 g

On remarque que 1,08 g + 15,24 g = 16,32 g.
"Rien ne se perd, rien ne se crée"...

Principe d'un dosage

Doser un *acide fort* par une base *forte*, c'est apporter à l'acide exactement autant d'ions OH^- qu'il y avait d'ions H_3O^+ présents initialement.

Vocabulaire :

● *pH initial :* c'est le pH de la solution que l'on va doser. Le volume ajouté est nul : $V = 0$.

● *volume équivalent :* c'est la valeur du volume au moment précis du dosage.

Cas du dosage de l'acide chlorhydrique par la soude

● **Expérience :**

La concentration en base OH^- est C_b : connue
La concentration en acide H_3O^+ est C_a : inconnue
Le volume à doser est V_a : connu

● **Résultat :**

Le volume versé est noté V_b
On connaît maintenant V_b, C_b et V_a
Pour déterminer C_a, il suffit d'utiliser la définition du dosage.

● **Exemple** d'un dosage de 20 cm³ d'une solution d'HCl par une solution de $NaOH$ de concentration connue $C_b = 0,04$ mol·1^{-1}

● **Expérience :**

La concentration en base OH^- est $C_b = 0,04$ mol·1^{-1}
La concentration en acide H_3O^+ est C_a inconnue
Le volume à doser est $V_a = 20$ cm³

L'indicateur coloré est le BBTH (Bleu de bromothymol).

● **Equations chimiques**

$HCl + H_2O \rightarrow H_3O^+ + Cl^-$ (ions présents dans le becher)
$NaOH \rightarrow Na^+ + OH^-$ (ions présents dans la burette)
$H_3O^+ + OH^-$ (qu'on ajoute goutte à goutte) $\rightleftarrows H_2O + H_2O$.

Les équations traduisent que :
1 HCl a donné 1 H_3O^+ 1 NaOH a donné 1 OH^-
1 H_3O^+ a réagi avec 1 OH^-

● **Résultat :** l'indicateur coloré change de couleur pour $V_b = 5$ cm³ (il y a un léger excès de OH^-).
Nous allons calculer C_a, concentration en acide.

volume	mole de OH^-	mole de H_3O^+	volume
dans 1 l donc dans 1 cm³ on a versé 5 cm³	on a 0,04 on a $0,04 \cdot 10^{-3}$ soit $\boxed{0,2 \cdot 10^{-3}}$	$0,2 \cdot 10^{-3}$	dans 20 cm³
par définition du dosage ╱		$0,01 \cdot 10^{-3}$	dans 1 cm³
		$0,01$	dans 1 litre

La concentration de l'acide à doser est $C_a = 0,01$ mol·l⁻¹

Dosage d'un acide faible

Si l'acide à doser est faible, la définition du début de ce chapitre n'est plus tout à fait exacte ; avec un acide faible, donc non totalement dissocié, tous les ions H_3O^+ de l'acide ne sont pas en solution. Que se passe-t-il alors ?
Les ions OH^- apportés par la base forte (de la burette) neutralisent le peu d'H_3O^+ ; l'équilibre
$$CH_3COOH + H_2O \rightleftharpoons CH_3COO^- + H_3O^+ \quad (1)$$
est détruit car on a consommé le constituant H_3O^+.
L'équilibre va se déplacer instantanément vers la droite pour reformer des H_3O^+ et retrouver un nouvel état d'équilibre.
Quelques ions OH^- supplémentaires (de la burette) vont encore neutraliser les H_3O^+ et donc déplacer totalement petit à petit l'équilibre (1). (p. 116).
Ainsi, au cours d'un dosage acide fort ou faible par une base forte, la neutralisation a lieu quand on a ajouté autant de OH^- que d'acide (sans préciser fort ou faible) présent initialement.

● **Exemple :** 20 cm³ de CH_3COOH de concentration inconnue sont dosés par 16 cm³ de soude 0,1 mol·l⁻¹.
On fait un tableau identique au précédent ; on trouve :
$$16 \times 0,1/20 = 0,08 \text{ mol·l}^{-1}$$

◆ dosage redox

Principe d'un dosage redox

Au lieu d'échanger des H^+ (dosage acide-base), oxydant et réducteur vont échanger des électrons.
Le dosage est terminé quand le réducteur a donné tous ses électrons à l'oxydant.

● Exemple du dosage d'une solution de dioxyde de soufre (SO₂) par le permanganate de potassium (K Mn O₄)

La concentration en oxydant (MnO_4^-) est C_{ox} connue = 0,02 M
La concentration en réducteur (SO_2) est C_{red} inconnue
Le volume de réducteur est V_{red} connu = 10 ml.

● **Equations chimiques :**

$$SO_2 + 2H_2O \rightleftharpoons SO_4^{2-} + 4H^+ + 2e \text{ (p. 48)}$$
$$MnO_4^- + 8 H^+ + 5e \rightleftharpoons Mn^{2+} + 4 H_2O.$$

Ces équations traduisent que : 1 SO_2 va donner 2 électrons
1 MnO_4^- va capter 5 électrons

Il faut donc 2 MnO_4^- pour doser 5 SO_2.

Ce qu'on vérifie en écrivant l'*équation-bilan** :

$$2 MnO_4^- + 5 SO_2 + 2 H_2O \rightarrow 5 SO_4^{2-} + 4 H^+ + 2 Mn^{2+}$$

● **Résultat :**

Chaque goutte de MnO_4^- se décolore instantanément. Dès que 6 ml, par exemple, de MnO_4^- sont versés, les gouttes supplémentaires ne se décolorent plus. C'est que tout le SO_2 a été consommé et V_{ox} = 6 ml.

---

* Nous savons (p. 46) que le permanganate s'utilise en milieu acide pour donner l'ion Mn^{2+}. Avec SO_2, il n'est pas utile de rajouter des protons car SO_2 en solution aqueuse est lui-même un acide (p. 121) et la réaction produit des ions H^+. C'est un fait unique qui peut être utilisé comme propriété caractéristique de SO_2.

Première méthode

volume	mole de MnO_4^-	mole d'électrons captés	mole d'électrons cédés	mole de SO_2	volume en cm^3
dans 1 l on a	0,02 soit	0,10			
$1\ cm^3$		$0,1 \cdot 10^{-3}$			
$6\ cm^3$		$0,6 \cdot 10^{-3}$	$0,6 \cdot 10^{-3}$ ou	$0,3 \cdot 10^{-3}$	dans 10
			donc	$0,3 \cdot 10^{-4}$	1
Par définition du dosage			et	0,03	1 l

La concentration en SO_2 était $C_{red} = 0,03$ mol $\cdot$ l^{-1}

Deuxième méthode

La méthode suivante semble plus rapide ; elle l'est effectivement.
Nous pensons cependant qu'elle ne doit être utilisée que si la
méthode du tableau est bien comprise.

On définit la normalité par : $N_{ox} = C_{ox} \cdot n_{ox}$ (p. 107)
C_{ox} est la concentration de l'oxydant
n_{ox} est le nombre d'électrons mis en jeu dans la demi-équation.

On définit de même la normalité du réducteur :

$$N_{red} = C_{red} \cdot n_{red} \qquad (I)$$

Dans l'exemple précédent, $n_{ox} = 5$

$$\text{et } N_{ox} = 0,02 \cdot 5 = 0,10\,N$$

La condition "on est à l'équivalence" est traduite par :

$$N_{ox} \cdot V_{ox} = N_{red} \cdot V_{red} \qquad (II)$$

Cette formule exprime que le nombre d'électrons captés par l'oxydant ($N_{ox} \cdot V_{ox}$) est égal au nombre d'électrons cédés par le réducteur ($N_{red} \cdot V_{red}$). C'est la condition encadrée dans le tableau.

Dans l'exemple, on a $N_{ox} = 0,02 \cdot 5 = 0,10$ N
$$V_{ox} = 0,006\ 1 \qquad V_{red} = 0,010\ 1$$

grâce à (II) $N_{red} = 6 \times 0,1/10 = 0,06$ N (ou mol $\cdot$ l^{-1} d'électrons).

On transforme les mol $\cdot$ l^{-1} de réducteur par la formule (I)
$C_{red} = 0,06/2 = 0,03$ M (ou mol $\cdot$ l^{-1}).

♡

Physicien et chimiste utilisent fréquemment le concept d'équilibre. A quoi cela correspond-il ?

a. Pour le physicien, la notion d'équilibre est bien représentée par la balance.

On l'écarte de sa position, elle tend à reprendre sa position d'équilibre.

On perturbe l'équilibre (en ajoutant une petite masse) la balance évolue vers un nouvel état d'équilibre.

b. Pour le chimiste, soit la réaction d'estérification

$$CH_3COOH + C_2H_5OH \rightleftharpoons CH_3COOC_2H_5 + H_2O.$$

Au bout d'un certain temps, on constate que :

Il n'y a plus d'évolution du système dans le temps (les concentrations sont constantes).

Tous les corps (acide, alcool, ester et eau) sont en présence.

Les deux conditions caractérisent un équilibre chimique.

● **Ne pas confondre :**

1. L'équation est équilibrée.
2. La réaction est un équilibre.
3. Le mélange réactionnel est à l'équilibre.

1. Exprime que les *coefficients stœchiométriques* sont justes ; il y a autant d'atomes et de charges dans le membre de gauche que dans le membre de droite.
2. Exprime que la réaction peut se faire dans les deux sens.
C'est le cas de la réaction ci-dessus : de gauche à droite, c'est l'estérification de l'acide ; de droite à gauche, c'est l'*hydrolyse* de l'ester.
3. Exprime que les critères de l'équilibre sont réalisés.

● **Exemple d'équilibre :**

$$CH_3COOH \quad = 0,5 \text{ mol.} \qquad C_2H_5OH = 0,5 \text{ mol.}$$
$$CH_3COOC_2H_5 = 1 \text{ mol.} \qquad H_2O = 1 \text{ mol.}$$

Il suffit de modifier une de ces valeurs pour que le système ne soit plus à l'équilibre.

● **Contre-exemple :** la réaction du zinc sur une solution de $CuSO_4$. Ce n'est pas un équilibre au sens du chimiste.

	Cu^{2+}	Zn	Cu	Zn^{2+}
Etat initial	1 mole	3 moles	0 mole	0 mole
Etat final	0 mole	2 moles	1 mole	1 mole

Il y a eu réaction totale $Cu^{2+} + Zn \rightarrow Cu + Zn^{++}$

On note une réaction totale par $\rightarrow$ et un équilibre par $\rightleftharpoons$

Dans l'état final les 4 corps ne sont pas tous en présence. Ce n'est pas un équilibre chimique ; un réactif a été totalement consommé.

Point de vue cinétique d'un équilibre

Un équilibre est parfois considéré comme la superposition de deux réactions opposées.

● **Exemple :** à l'équilibre, estérification (I) et hydrolyse (II) se déroulent en même temps et avec la même vitesse.

$$CH_3COOH + C_2H_5OH \rightarrow CH_3COOC_2H_5 + H_2O \qquad (I)$$
$$CH_3COOH + C_2H_5OH \leftarrow CH_3COOC_2H_5 + H_2O \qquad (II)$$

Point de vue thermodynamique d'un équilibre

On démontre et nous admettrons qu'un équilibre est caractérisé par une constante K. K est le rapport du produit des concentrations des composés de droite sur le produit des concentrations des composés du membre de gauche. On admet que le solvant ne figure pas dans l'expression de la constante d'équilibre.

$$\text{Pour l'estérification } K \overset{*}{=} \frac{(\text{ester}) \cdot (\text{eau})}{(\text{acide}) \cdot (\text{alcool})} = 4$$

C'est l'expérience qui permet de trouver la valeur numérique d'une constante d'équilibre.

Dans le cas d'un acide faible en solution dans l'eau :

$$CH_3COOH + H_2O \rightleftharpoons CH_3COO^- + H_3O^-$$

$K = \dfrac{(CH_3COO^-) \cdot (H_3O^+)}{CH_3COOH)}$ Le terme (H_2O) ne figure pas dans K car l'eau est le solvant.

Si une des concentrations est changée, l'équilibre est détruit, il évolue vers un nouvel état d'équilibre où le rapport des concentrations sera à nouveau K.

---

* Dans ce cas, la réaction étant conduite sans solvant, on remplace les concentrations par les nombres de moles (p. 146).

Loi universelle

Soit un état d'équilibre ; si l'expérimentateur perturbe cet équilibre, le système évolue spontanément :

- **Vers un nouvel état d'équilibre ;**
- **De manière à diminuer l'importance de la perturbation.**

Comparaison, équilibre physique et équilibres chimiques.

Esterification hydrolyse

	Acide	alcool	ester	eau
	1 mol	1 mol	2 mol	2 mol

Etat d'équilibre

(K = 4)

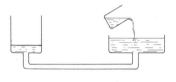

Equilibre perturbé le système n'est plus en équilibre : il va évoluer.

1 mol 1 mol 8 mol 8 mol

nouvel état d'équilibre

3 mol 3 mol 6 mol 6 mol

(K = 4)

Facteur pouvant influencer un équilibre

- **a. Influence des réactifs**

Si l'opérateur consomme un ou plusieurs réactifs, d'après la loi universelle, l'équilibre va se déplacer de manière à remplacer une partie du réactif consommé.

Dans l'exemple précédent, l'opérateur a ajouté 6 moles d'ester et 6 moles d'eau. L'équilibre s'est déplacé en consommant une partie des réactifs ajoutés.

● **b. Influence de la pression**

Il n'y a influence sensible de la pression que si un ou plusieurs gaz interviennent dans les conditions de l'expérience.

Dans l'équilibre suivant :
H_2O (liquide) $\rightleftharpoons$ H_2O (vapeur)
L'augmentation de la pression par abaissement du piston est une perturbation de l'équilibre liquide/vapeur. Cet équilibre va se déplacer vers la gauche pour diminuer le nombre de moles de vapeur. Ainsi la perturbation a son effet diminué.

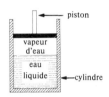

● **c. Influence de la température**

Certaines réactions se font avec dégagement de chaleur.
On les appelle des réactions *exothermiques*.

● **Exemple :** $H_3O^+ + OH^- \overset{1}{\underset{2}{\rightleftharpoons}} 2\ H_2O +$ "chaleur"

Quand ces réactions sont des équilibres, on peut envisager la réaction dans le sens opposé ; elle se fait avec absorption de chaleur.

● **Exemple :** $\quad 2\ H_2O \rightleftharpoons H_3O^+ + OH^- -$ "chaleur"

Dans ce sens, la réaction est *endothermique*.

Quelques rares réactions se font sans échange de chaleur : on les appelle les réactions *athermiques*. C'est le cas de la réaction d'estérification. (p. 140, 144, 148).

● **Exemple d'influence de la température**

Etat initial : eau pure à 25° | Etat final : eau pure à 60°
$(H_3O^+) = (OH^-) = 10^{-7}$ M | $(H_3O^+) = (OH^-) = 3.10^{-7}$ M

L'augmentation de température favorise la réaction qui se fait avec absorption de chaleur...

Les couleurs à savoir

a. Pour les gaz :

- Incolores = O_2 H_2 CO_2 CO   NO SO_2 H_2S
- Colorés = Cl_2 (vert) ; NO_2 (roux) ; Br_2 (rouge).

Ne pas confondre gaz (= vapeur)
                et fumée (= fines particules solides).
Un gaz même coloré est transparent, une fumée est translucide.

- **Exemple :** La combustion du soufre donne SO_2, gaz transparent, et des fumées blanches de SO_3 (p. 102).

b. Pour les liquides :

- Les solutions ont les couleurs des ions.
- Anion : MnO_4^- (violet) ; $Cr_2O_7^{2-}$ (orange)
- Cation : Fe^{2+} (vert) ; Fe^{3+} (orange) ; Cu^{2+} (bleu) ; Cr^{3+} (vert).

Quelques solubilités dans l'eau

La solubilité d'un corps dépend principalement de la température, du solvant et pour les gaz de la pression.

composé	très soluble	soluble	peu soluble	insoluble
acides	H_2SO_4 HNO_3 CH_3COOH			acide carboxylique à longue chaîne
hydroxydes	soude potasse		chaux	AgOH, $Fe(OH)_3$ $Zn(OH)_2$, $Cu(OH)_2$
CAC *		CAC de Na^+ de K^+ et NH_4^+		AgCl, $BaSO_4$ sulfures carbonates
gaz	HCl, NH_3	SO_2 Cl_2 CO_2	O_2 N_2	C_2H_6, CH_4
autres	éthanol glucose		iode	hydrocarbures

*CAC = Composé Anion Cation.

Les odeurs les plus caractéristiques

Avec prudence, on doit reconnaître le chlore, le dioxyde de soufre, l'ammoniac, le sulfure d'hydrogène, l'acide acétique, l'éthanol, l'éthanal, les amines.

● **Attention :** un gaz peut être très toxique, PRUDENCE !

Saveur : DANGER, ne jamais goûter !

Ne pas confondre solubilité et dissociation : on ne s'intéresse à la dissociation que si le composé est soluble.
Dans l'eau tous les CAC solubles sont dissociés.

● **Exemple :**
Le glucose, soluble, est non dissocié.
Le chlorure de sodium, soluble, est dissocié.
Le chlorure d'argent est insoluble, on ne s'intéresse pas à sa dissociation.

Action des solutions basiques sur les CAC

Cation en solution	Addition de OH^- dilués (soude ou ammoniaque)		Addition de OH^- concentrés (lessive de soude)
NH_4^+	rien		dégagement de NH_3 à chaud
Fe^{2+}	précipité vert	$Fe(OH)_2$	
Fe^{3+}	précipité rouille	$Fe(OH)_3$	
Cu^{2+}	précipité bleu-vert	$Cu(OH)_2$ *	éventuellement redissolution
Ag^+	précipité blanc brunissant rapidement **	$AgOH$	
Al^{3+}	précipité blanc	$Al(OH)_3$	formation de AlO_2^- soluble
Zn^{2+}	précipité blanc	$Zn(OH)_2$	formation de ZnO_2^{2-} soluble

*Un excès d'ammoniac redissout $Cu(OH)_2$, donnant une très belle coloration bleu céleste.
**Voir nitrate d'argent ammoniacal (p. 78).

Une solution aqueuse d'*acide phosphorique* est le siège des équilibres acido-basiques suivants :

$$H_3PO_4 + H_2O \rightleftharpoons H_2PO_4^- + H_3O^+$$

L'espèce $H_2PO_4^-$ base conjuguée de H_3PO_4, est elle-même un acide, d'où :

$$H_2PO_4^- + H_2O \rightleftharpoons HPO_4^{2-} + H_3O^+$$
$$\text{et } HPO_4^{2-} + H_2O \rightleftharpoons PO_4^{3-} + H_3O^+$$

Les entités comme $H_2PO_4^-$ et HPO_4^{2-} qui sont à la fois acide et base sont appelées *amphotères*.

Ces trois réactions sont des équilibres donc caractérisées par des constantes d'équilibre (p. 115).

On a : $K_1 = \dfrac{(H_2PO_4^-) \cdot (H_3O^+)}{(H_3PO_4)} = 6,9 \cdot 10^{-3}$ d'où $pK_1 = 2,2$

$K_2 = \dfrac{(HPO_4^{2-}) \cdot (H_3O^+)}{(H_2PO_4^-)} = 6,3 \cdot 10^{-8}$ d'où $pK_2 = 7,2$

$K_3 = \dfrac{(PO_4^{3-}) \cdot (H_3O^+)}{(HPO_4^{2-})} = 4,8 \cdot 10^{-13}$ d'où $pK_3 = 12,3$.

On en déduit aisément que, pour $pH = pK_i$ on a autant de forme acide que de forme basique pour le couple i ; $i = 1$, 2 ou 3 (p. 35).

● **Exemple :** pour $pH = 2,2$ on a $(H_2PO_4^-) = (H_3PO_4)$.

L'espace des pH orienté de 1 à 13 peut être découpé en plusieurs zones à l'intérieur desquelles une des espèces sera majoritaire. C'est ce qu'on appelle un *diagramme de distribution* des différentes formes de H_3PO_4 en solution.

Comparons ceci, aux propriétés des acides faibles (p. 30).

● La définition de Bronsted s'applique toujours.
● Un poly-acide est caractérisé par plusieurs pK au lieu d'un seul.
● Dans un tableau analogue à celui de la page 30 chaque couple a une ligne pour lui.

Diagramme de distribution des différentes formes de H_3PO_4

	2,2		7,2		12,3	
						→ pH
H_3PO_4		$H_2PO_4^-$		HPO_4^{2-}		PO_4^{3-}

En notant ▨ les espèces majoritaires,

▭ les minoritaires et ── les ultra-minor,

on a pour chaque espèce la répartition suivante (en fonction du pH) :

H_3PO_4 ▨──────────────────── → pH

$H_2PO_4^-$ ──▨▨▨▨▨────────── → pH

HPO_4^{2-} ──────────▨▨▨▨──── → pH

PO_4^{3-} ────────────────▨▨ → pH

● **Utilité de ce diagramme :**

Dès que vous utilisez un acide faible, notez tout de suite son ou ses pK, faites le diagramme de distribution ; ainsi vous saurez pour un pH donné, quelle est l'importance de chacune des espèces en solution à ce pH.

● **Les principaux poly-acides rencontrés sont :**

1. l'acide phosphorique H_3PO_4 (pK$_j$ = 2,2 ; 7,2 ; 12,3)
2. l'*acide sulfhydrique* H_2S (pK$_j$ = 7 ; 13)
3. l'*acide carbonique* H_2CO_3 (c'est CO_2 + H_2O) (pK$_j$ = 6,4 ; 10,3)
4. l'*acide sulfureux* H_2SO_3 : certains auteurs refusent cette écriture et préfèrent (SO_2, H_2O) qui est sans doute plus près de la réalité. Bien sûr qu'en cachette, ils emploient la formulation "H_2SO_3" qui est bien plus pratique ! (pK$_j$ = 1,9 ; 7,3).

Tous les acides aminés sont également des poly-acides. □□□

L'acide amino-éthanoïque est couramment appelé :

Glycocolle ou *glycine*	H_2N-CH_2-COOH
Chlorhydrate de glycine	$H_3N^+ - CH_2 - COOH$ (+ Cl^-)
Sel sodique de glycine	$H_2N - CH_2 - COO^-$ (+ Na^+)

"Dis, monsieur, dans le placard des acides, je n'ai pas trouvé la bou-teille d'ions H_3O^+..."

Calculons à l'aide de l'électrostatique le potentiel électrique d'une telle bouteille.

Sa capacité est environ 10^{-9} farad = C.

Sa charge Q = 96 500 Coulombs si on a une mole de H_3O^+.

Son potentiel serait U = Q/C = 10^{14} volts soit cent mille milliards de volts !

Heureusement qu'elle n'était pas dans le placard...

● Règle d'électroneutralité :
Macroscopiquement, la matière est électriquement neutre.

Ainsi un cristal de chlorure de sodium contient autant de Na^+ que de Cl^-.

L'eau pure contient autant de H_3O^+ que de OH^-...

Même si une peau de chat peut électriser une baguette d'ébonite, cet excédent de charge n'est qu'en surface et toujours très faible. Pour nous chimistes l'électroneutralité sera toujours de rigueur.

Pratiquement, pour écrire l'électroneutralité, il faut recenser toutes les espèces ioniques − et +, et écrire qu'on a autant de charge + que de charge −.

● **Exemple :** un mélange de H_3PO_4 et de NaCl en solution permet de recenser :

les + : H_3O^+, Na^+

les − : $H_2PO_4^-$, HPO_4^{2-}, PO_4^{3-}, OH^- Cl^-

La concentration en + due à Na^+ est (Na^+) mais la concentration en − due à HPO_4^{2-} est 2 x (HPO_4^{2-}), car 1 ion apporte 2 charges, d'où :

$$(H_3O^+) + (Na^+) = (H_2PO_4^-) + (OH^-) + (Cl^-) + 2\,(HPO_4^{2-}) + 3\,(PO_4^{3-})$$

On trouve quelques exemples d'utilisation de cette équation à partir de la page 126 ; on la note ici *EN*.

Les calculs de pH sont de deux types:

● **Qualitatifs:**
Il faut prévoir qualitativement les espèces majoritaires, ou donner le sens de variation de pH dans des conditions définies...,

● **Quantitatifs:**
Il faut alors calculer toutes les concentrations des espèces en solution.

Le premier cas se résout sans calcul, par simple considération de déplacement d'équilibres.
Le second prend souvent l'aspect d'un problème de math trop dénué de sens physique. Ces quelques lignes ont pour but le traitement de ce deuxième cas avec, espérons-le, une dédramatisation mathématique.

Les deux questions types sont:

1. Pour une situation donnée, on donne le pH et on demande la valeur des concentrations des espèces en solution;

2. Ou bien, pour une situation donnée on demande le pH.
Ce deuxième cas n'est pas au programme de Terminale; il est de loin plus compliqué et, du point de vue expérimental, dénué de sens. En effet il existe un appareil appelé pH-mètre qui donne instantanément le pH à tout utilisateur capable de trouver le bouton "on"!
Dans un premier temps nous allons traîter le cas simple; ensuite, nous donnerons quelques exemples de détermination du pH.

Le cas extrêmement simple mais important où seuls des ions H_3O^+ et OH^- rentrent en ligne de compte est traité page 28.
On ne s'intéressera qu'au cas où au moins un acide faible est utilisé.

♠

Dans le cas le plus général, on dispose d'un certain nombre d'équations qu'il faut résoudre. On a :
— l'*électroneutralité* ou conservation de la charge : *EN* ;
— La conservation de l'espèce introduite : *Ci* ;
— La ou les constantes d'acidité (les fameux pK) : *Ki* ;
— Le produit ionique de l'eau : *Ke*.
Parfois des dilutions viennent troubler les esprits, il suffit de tenir compte de $C = n/v$ (p. 104).

● **Exemple :** si H_2S est introduit seul, en solution aqueuse, l'arsenal d'équations dont on dispose est :
— *EN* $(H_3O^+) = (OH^-) + (HS^-) + 2(S^{2-})$;
— *Ci* $(H_2S) + (HS^-) + (S^{2-}) = C = $ concentration initiale en H_SS ;
— *Ki* $K_1 = \dfrac{(HS^-)(H_3O^+)}{(H_2S)}$ et $K_2 = \dfrac{(S^{2-})(H_3O^+)}{(HS^-)}$;
— *Ke* $(H_3O^+)(OH^-) = 10^{-14}$.

Si on donne la concentration initiale, le pH et pK_2, on se trouve devant un système de 5 équations à 5 inconnues ; **ne pas le résoudre !**
a. Faire le *diagramme de distribution* des espèces ;
b. Eliminer sans scrupule toutes les espèces *ultra-minoritaires* au pH donné, dans les sommes *EN* et *Ci* ;
c. Réécrire le système ou plutôt ce qu'il en reste.
La résolution devient évidente.

● **Exemple :** on dissout 10^{-2} mole de gaz H_2S dans 1 l d'eau pure ; le pH mesuré est 4,5 ; calculer toutes les concentrations et K_1.

espèces majoritaires	pK₁	pK₂ = 13	pH
	H_2S	HS^-	S^{2-}

— $pH = 4,5$ d'où par déf. $(H_3O^+) = 3,16 \cdot 10^{-5}$ mol·1^{-1}
— *Ke* donne $(OH^-) = 10^{-14}/3,16 \cdot 10^{-5} = 3,16 \cdot 10^{-10}$ mol·1^{-1}
— *EN* donne $(HS^-) = (H_3O^+) = 3,16 \cdot 10^{-5}$ M
          car OH^- et S^{2-} ultra-min.
- *K2* donne $(S^{2-}) = 10^{-13}$ mol·1^{-1}
$(H_2S) = 10^{-2}$ M.
$K_1 = 10^{-7}$ en remplaçant les concentrations par leur valeur.

Autre cas classique

Soit 100 cm^3 d'une solution d'acide phosphorique 0,022 M ; quelle quantité de soude 0,4 M faut-il ajouter pour obtenir une solution de pH 6,2 ? On donne pK$_i$ = 2,2 ; 7,2 ; 12,3.
On néglige la dilution, ce qui est légitime étant donné la forte concentration de la soude utilisée.

● **Premier réflexe :** le diagramme de distribution de H$_3$PO$_4$ (p. 121).
On détermine alors quel couple commande le pH.
A pH 6,2 on voit que H$_2$PO$_4^-$ est major. et HPO$_4^{2-}$ est minor.
Le pH est commandé par le couple n° 2 ; H$_2$PO$_4^-$/HPO$_4^{2-}$

● **Deuxième réflexe :** la connaissance de pH et pK$_2$ permet de déterminer les concentrations du couple n° 2.
Grâce à : *Ci* et *Ki* en ayant soin d'éliminer de Ci les espèces ultra-minor., soit :

Ci $\quad$ (H$_2$PO$_4^-$) + (HPO$_4^{2-}$) = 0,022 M et

Ki $\quad$ K2 = $\dfrac{(HPO_4^{2-}) \cdot (H_3O^+)}{(H_2PO_4^-)}$ = $10^{-7,2}$ avec (H$_3$O$^+$) = $10^{-6,2}$

● **La résolution de ce système donne :**

$$(H_2PO_4^-) = 0,020 \text{ M et } (HPO_4^{2-}) = 0,002 \text{ M}$$

La connaissance des concentrations du couple qui commande le pH permet de répondre très simplement à toutes les questions que l'on peut se poser à propos de cette situation.
Ainsi la connaissance de la quantité de soude utilisée est reliée à (Na$^+$) que l'on a dans *EN* toujours en omettant les espèces ultra-minoritaires.

EN (Na$^+$) + (H$_3$O$^+$) = (H$_2$PO$_4^-$) + 2(HPO$_4^{2-}$) + 3(PO$_4^{3-}$)
qui devient : (Na$^+$) = 0,020 + 0,004 = 0,024 M.

0,024 M de Na$^+$ dans 100 cm^3 proviennent de 6 cm^3 de la solution 0,4 M de soude initiale. (Il était légitime de négliger la dilution.)
Vous pouvez calculer aussi : (H$_3$PO$_4$) = ?, (PO$_4^{3-}$) = ?...

Soit une substance X que l'on dissout **seule dans l'eau pure.** Quel est le pH de la solution ainsi formée ?

– Si X est un acide faible de concentration (Af), de constante K donnée, on a : pH = 1/2 (pK − log (Af)). (1)

– Si X est une base faible (Bf) et K la constante de l'acide conjugué donné, on a : pH = 7 + 1/2 (pK + log (Bf)). (2)

– Si X est amphotère appartenant donc à deux couples et K_i et K_{i+1} donnés on a : pH = 1/2 (pK$_i$ + pK$_{i+1}$). (3)

A l'usage, on apprend par cœur ces formules très utiles.

Si l'on reprend le cas de H_2S dans l'eau, la connaissance des pK et de C_i conduit à un système de 5 équations à 5 inconnues où les plus forts en math y perdent leur latin.

La démonstration est pourtant issue de ces 5 équations.

En rattachant ces équations à la situation physique qu'elles représentent, on introduit certaines simplifications qui en permettent la résolution.

● **Formule 1**

Démontrons la dans le cas de H_2S.

Au lieu de poser *EN Ci Ki* et *Ke* donnons le diagramme de distribution (p. 124) des espèces H_2S, HS^- et S^{2-}.

Le bon sens permet de dire qu'en ayant dissous H_2S dans l'eau, on a obtenu une solution de H_2S !

C'est bête, oui, mais rapproché du diagramme ça permet de déduire que H_2S est major., le pH est acide donc (OH^-) est très petit, HS^- est minor., et S^{2-} ultraminor. et *EN* devient : (H_3O^+) = (HS^-) qui, reportée dans K_1 donne

$$K_1 = \frac{(H_3O^+)^2}{(H_2S)}$$

● **Première approximation**

(H_2S) $\gg$ (HS^-) ; l'espèce H_2S a pour concentration (Af), c'est-à-dire la concentration initiale donnée. Le log de K_1 donne la formule prévue.

Mathématiquement, le problème était très difficile : comment un comportement physique en a-t-il permis une résolution simple ? *EN* s'est transformée en (H_3O^+)=(HS^-), ceci signifie que les ions quantitativement présents en solution sont H_3O^+ et HS^-.

D'où proviennent ces ions?

L'équilibre de dissociation de H_2S dans l'eau est :

$$H_2S + H_2O \rightleftharpoons HS^- + H_3O^+$$

– Etat initial = eau pure avec $(H_3O^+) = 10^{-7}$ M

– Etat final = on a ajouté H_2S.

Quelques H_2S se sont dissociés en donnant autant de H_3O^+ que de HS^-.

Les H_3O^+ ainsi apportés sont très supérieurs en nombre à ceux présents initialement 10^{-7} M il est donc normal que l'on ait

$$(H_3O^+) = (HS^-)$$

● **Conclusion :** *EN* traduit, quant à ses termes prépondérants, que la dissociation de H_2S donne 1 HS^- pour 1 H_3O^+.

Une évidence physique qu'il n'est nullement besoin de compliquer par une résolution mathématique complexe.

● **Deuxième approximation :** $(H_2S) = C_i$, c'est-à-dire que HS^- est minoritaire devant H_2S. Cette affirmation reste à vérifier dans toute application de la formule (1). Testons la validité de cette formule en comparant expérience et calcul de pH avec un acide faible de pK 4,8 puis de pK 3,5 à différentes concentrations.

Concentration en mol·1^{-1} notée C.	10^{-1}	10^{-2}	10^{-3}	10^{-4}	10^{-5}	10^{-6}
pH mesuré d'un acide fort de concentration C	*1*	*2*	*3*	*4*	*5*	*6*
pH mesuré d'acide faible pK 4,8 de concentration C	2,9	3,4	3,9	4,5	*5,1*	6
pH calculé de cet acide avec pH = 1/2 (4,8 - log C)	2,9	3,4	3,9	4,4	4,9	5,4
pH mesuré d'acide faible pK 3,5 de concentration C	2,3	2,8	3,5	*4,1*	5	6
pH calculé de cet acide avec pH = 1/2 (3,5 - log C)	2,3	2,8	3,3	3,8	4,3	4,8

● **On constate :**

a. La formule (1) est toujours valable pour les fortes concentrations ;

b. Pour les faibles concentrations, le pH d'un acide faible est le même qu'un acide fort de même concentration ; (chiffres, *4, 5, 6*).

c. Quand C ∈ [pK − 1, pK + 1], le pH de la solution n'est donné ni par la formule (1) ni par la formule d'un acide fort.

On dira que l'acide faible de pK donné a un comportement
— d'acide faible pour C < pK − 1
— d'acide fort pour C > pK + 1

● **Application :**

Calcul du pH d'une solution d'acide éthanoïque 10^{-3} M (pK = 4,8).
La formule donne pH = 3,9. Ce qui est la bonne valeur.
Dans ce calcul nous affirmons implicitement.

$$(CH_3COOH) \gg (CH_3COO^-)$$

Qu'en est-il exactement ?

Ki donne $\dfrac{(CH_3COO^-)}{(CH_3COOH)} = \dfrac{K}{(H_3O^+)} = \dfrac{10^{-4,8}}{10^{-3,9}} = 0,13$!!!

Nous constatons qu'en calcul de pH, on peut négliger dans les calculs 1 devant 10 tout en restant très près de la réalité expérimentale.

Ce qu'il faut en retenir, (au minimum) :
Le pH d'une solution d'acide ou de base faible est donné par les formules (1) et (2).
Il faut que la concentration soit suffisamment forte par rapport au pK pour que la formule soit exacte.

● **Formule 3**

Nous n'en donnerons pas une démonstration rigoureuse pour les raisons suivantes :
— Elle est fausse expérimentalement !
— Elle résulte d'une discussion longue et délicate.

Pourquoi une formule fausse se trouve-t-elle dans tous les manuels ?

La raison est simple : le pH d'une solution d'un composé amphotère est très instable et une très faible quantité d'espèce acide ou basique en peut faire varier le pH de + ou − une unité.

Il faut donc considérer cette formule plus comme un ordre de grandeur que comme une réalité expérimentale exacte.

Nous allons présenter les éléments de démonstration de cette formule dans le cas où le pH trouvé est compris entre 5 et 9, c'est-à-dire presque neutre.

● **Exemple :** pH d'une solution de $NaHCO_3$ ($C = 0,1\,M$)
Dans l'eau on a la dissociation totale.
$$NaHCO_3 \rightarrow Na^+ + HCO_3^-$$

et les équilibres

$$H_2CO_3 + H_2O \rightleftharpoons HCO_3^- + H_3O^+ \qquad K_1 = 4\cdot10^{-7}$$
$$\text{et } HCO_3^- + H_2O \rightleftharpoons CO_3^{2-} + H_3O^+ \qquad K_2 = 5\cdot10^{-11}$$

HCO_3^- est majoritaire car c'est lui qui est introduit dans l'eau pure, et le diagramme de distribution prévoit :

H_2CO_3 et CO_3^{2-} sont des espèces minoritaires.

De plus, par hypothèse qu'il faudra vérifier, on attend un pH entre 5 et 9 donc :

(H_3O^+) et $(OH^-) < 10^{-5}\,M$ donc ultraminoritaire.

Une combinaison de

EN $(Na^+) + (H_3O^+) = (OH^-) + (HCO_3^-) + 2(CO_3^{2-})$
Ci $(H_2CO_3) + (HCO_3^-) + (CO_3^{2-}) = C = (Na^+)$

conduit à :

$(H_2CO_3) + (H_3O^+) = (OH^-) + (CO_3^{2-})$
soit $\qquad (H_2CO_3) = (CO_3^{2-})$ car H_3O^+ et OH^- ultraminor.

Si l'on fait le produit $K_1 \cdot K_2$ on a en tenant compte du résultat précédent $pH = 1/2\,(pK_1 + pK_2)$.

La clef de cette démonstration est $(H_2CO_3) = (CO_3^{2-})$, et signifie que, une fois HCO_3^- introduit en solution, les deux équilibres :

$$HCO_3^- \rightleftharpoons H^+ + CO_3^{2-} \text{ et}$$
$$H^+ + HCO_3^- \rightleftharpoons H_2CO_3$$

se déplacent vers la droite de la même manière.

- **C'est vrai** pour les CAC amphotères qui donnent un pH neutre.

- **C'est tout à fait faux** si le pH final n'est pas neutre.

- **Exemple flagrant :** Si l'on dissout $NaHSO_4$ dans l'eau :

$$HSO_4^- \rightleftharpoons SO_4^{2-} + H^+$$
$$\cancel{HSO_4^- + H^+ \rightleftharpoons H_2SO_4}$$

Le premier équilibre est notablement déplacé vers la droite alors que la deuxième réaction ne se fait pas, car H_2SO_4 n'existe pas dans l'eau.

Importance des dosages

Le dosage permet de comparer quantitativement un échantillon inconnu à un étalon. Les chimistes sont souvent amenés à déterminer la quantité de telle ou telle substance dans un mélange.

- **Exemple :** dosage d'un acide, d'une base, du fer..., en T.P., dosage des sucres dans le sang..., en analyse médicale, dosage du phosphore, de l'azote et du potassium dans la terre afin d'y apporter des engrais.

Tout ce qui nous entoure a plus ou moins été analysé pour être conforme à la loi ou pour être reproduit ou copié : peinture, polymère, médicament...

Principe des dosages

Dans tout dosage, on oppose le composé à doser à un antagoniste avec lequel il va y avoir interaction.

● **Exemple :** pour le dosage de H_3O^+ l'antagoniste de choix est OH^- et l'interaction est la réaction acido-basique

$$H_3O^+ + OH^- \rightleftharpoons 2\ H_2O.$$

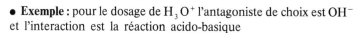

A un échantillon à doser on ajoute l'antagoniste jusqu'à épuisement de l'échantillon.

Il faut être capable aussi de déterminer à quel moment précis tout l'échantillon a réagi. Il faut donc un repère qui dans un dosage acido-basique peut être un indicateur coloré.
Enfin, le réactif titrant (ici OH^-) doit être de concentration connue.

Récapitulation

On est en mesure d'effectuer un dosage dès que les trois conditions suivantes sont réunies :
- Il existe un antagoniste
- On dispose d'un indicateur de fin de dosage
- L'antagoniste a été quantitativement étalonné.

L'étude des dosages acido-basiques est intéressante car elle se prête très simplement à l'expérience ainsi qu'aux calculs.

Les résultats qui en découlent permettent de comprendre et d'interpréter tous les déplacements d'équilibres rencontrés en chimie organique comme inorganique.

On a vu que pour mener à bien un dosage, il suffisait de déterminer précisément le point final du dosage.
Il est évident que si tous les instants du dosage sont parfaitement connus et contrôlés, la précision du dosage peut être améliorée et surtout, on comprend beaucoup mieux l'expérience.
Nous allons analyser quelques cas importants de courbes de dosage acido-basiques.

...

Toutes les courbes (p. 36) présentées peuvent s'obtenir par l'expérience ou par le calcul. Il est bon que le lecteur connaisse par cœur les courbes données ; en effet, elles sont une récapitulation de tout ce qui a été dit à propos des pH.
Le lecteur s'exercera aussi à transposer les résultats des acides aux bases.

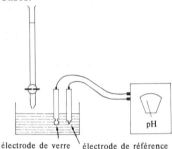

électrode de verre — électrode de référence

La détermination expérimentale des courbes peut être réalisée avec le dispositif expérimental ci-contre. La burette permet de connaître le volume versé et le pH-mètre le pH.

Dosage d'un diacide faible par la base OH⁻

● **Exemple :** H_2CO_3 équation p. 129, les constantes sont :

$$K_1 = \frac{(HCO_3^-)(H_3O^+)}{(H_2CO_3)} = 10^{-6,4} \quad K_2 = \frac{(CO_3^{2-})(H_3O^+)}{(HCO_3^-)} = 10^{-10,3}$$

Dosage effectué avec des solutions 10^{-2} M. La solution de H_2CO_3 est obtenue en dissolvant $112\,cm^3$ de CO_2 dans $500\,cm^3$ d'eau pure (p. 119).

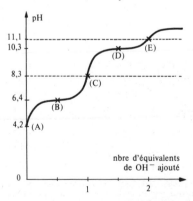

● **Analyse de la courbe :**
– 1er dosage de (A) à (C) ; – 2ème dosage de (C) à (E) ;
– au-delà de (E), c'est l'excès d'ions OH⁻

● **Etude qualitative :** la courbe expérimentale ressemble à deux courbes de dosage qu'on aurait mises bout à bout.
Chacune présente les caractéristiques d'une courbe de dosage d'acide faible (p. 36) :
— Brusque variation de pH au départ ;
— Zone tampon à la demi-neutralisation.

● **Conclusion :**

— La première partie correspond à la neutralisation de l'acide H_2CO_3 en sa base conjuguée HCO_3^-.
— La deuxième partie correspond à la neutralisation de l'acide HCO_3^- en sa base conjuguée CO_3^{2-}.

● **Etude quantitative :** le diagramme de distribution des espèces majoritaires en solution est

$$\underset{6,4}{H_2\overset{\smile}{C}O_3} \quad \overset{HCO_3^-}{\underset{10,3}{\quad}} \quad CO_3^{2-} \qquad pH$$

Au départ (A), H_2CO_3 est seul* en solution et le pH de la solution est donné par la formule des acides faibles (p. 126).

$$pH = 1/2 \ (6,4 - \log 0,01) = 4,2$$

A la première neutralisation (C), quand on a seulement* l'espèce HCO_3^-, le pH est celui d'une espèce amphotère en solution

$$pH = 1/2 \ (6,4 + 10,3) = 8,3$$

A la deuxième neutralisation (E), la seule* espèce en solution est CO_3^{2-} qui est une base faible ; le pH est donné par

$$pH = 7 + 1/2 \ (10,3 + \log 0,01) = 11,1$$

On retrouve pour les deux demi-neutralisations (B) et (D) les conditions $(H_2CO_3) = (HCO_3^-) \Rightarrow pH = pK_1 = 6,4$
et $\quad (HCO_3^-) = (CO_3^{2-}) \Rightarrow pH = pK_2 = 10,3$

Il faut toujours garder à l'esprit que les OH^- qu'on ajoute goutte à goutte neutralisent H_3O^+ déplaçant vers la droite l'équilibre

$$H_2CO_3 + H_2O \rightleftharpoons HCO_3^- + H_3O^+$$

---

*En toute rigueur, une espèce acido-basique n'est pas seule en solution. Aux points (A), (C), (E), les espèces indiquées sont non seulement majoritaires, mais ont leur concentration maximale. On a en (C) le même pH que si l'on dissolvait $NaHCO_3$ dans de l'eau pure, d'où le langage : "l'espèce est seule en solution".

Les deux acides H_2CO_3 et HCO_3^- sont dosés l'un après l'autre, car l'équilibre de dissociation du premier se déplace beaucoup plus facilement que l'équilibre de dissociation du deuxième ; en d'autres termes, pK_1 est beaucoup plus petit que pK_2.

On admet en pratique qu'il est possible de doser séparément les deux acidités d'un diacide faible (ainsi qu'un mélange de deux acides faibles) dès que la différence des pK est supérieure à 3 unités.

Dosage d'un mélange d'acides

Soit 1 litre d'une solution aqueuse contenant 0,1 mole d'acide sulfurique et 0,3 mole de chlorure d'ammonium : on se propose de doser cette solution par une solution molaire de soude.

• **Remarque :** ici l'énoncé exprime les acides en moles (soit en quantité) et la base en mole par litre (soit en concentration).

Ci-contre, la courbe de dosage obtenue.

Les espèces introduites sont :

Acide sulfurique

H_2SO_4

Chlorure d'ammonium

NH_4Cl

qui se dissocie en

NH_4^+ et Cl^-

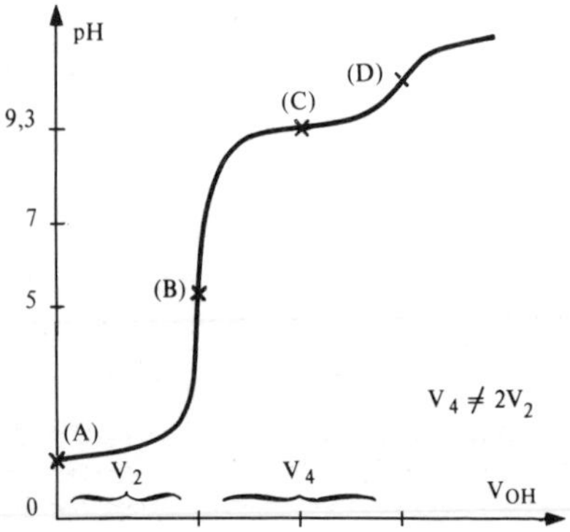

Les équations de Bronsted sont :

1. $H_2SO_4 + H_2O \rightarrow HSO^-{}_3 + H_3O^+$
2. $HSO_3^- + H_2O \rightleftharpoons SO_4^{2-} + H_3O^+$ pK = 1,9
3. $NH_4^+ + H_2O \rightleftharpoons NH_3 + H_3O^+$ pK = 9,3

● **Etude qualitative :** il n'y a que deux sauts de pH donc deux neutralisations seulement. Or il y a trois espèces acides. Quelles sont-elles et pourquoi ne met-on en évidence que deux neutralisations ?

● **La réponse :** "les espèces acides sont H_2SO_4, HSO_4^- et NH_4^+" **est une réponse fausse.** En effet, H_2SO_4 est totalement dissocié (la réaction (1) est totale) en H_3O^+ et la base conjuguée HSO_4^-. Donc les espèces acides sont H_3O^+, HSO_4^- et NH_4^+.

Pourquoi ne voit-on que deux sauts de pH alors que trois espèces acides sont présentes ?

● **Réponse :** l'acide HSO_4^- n'est pas très faible (pK = 1,9) et il est dosé en même temps que H_3O^+ dû à la dissociation de H_2SO_4. Ce fait expérimental permet de considérer l'acide sulfurique comme un diacide fort. Ses deux acidités sont dosées en même temps (p. 103 et 128).
Le deuxième saut de pH correspond à la neutralisation de l'acide NH_4^+. (Expérimentalement, il se voit assez mal.)

● **Remarque :** Il ne faut pas symboliser cette neutralisation par l'équation chimique suivante :

$$\cancel{NH_4^+ + OH^- \rightarrow NH_3 + H_2O}$$

mais par :
4. $NH_4^+ + H_2O \;\rightleftharpoons\; NH_3 + H_3O^+$ (définition de Bronsted)
5. $\qquad\qquad\qquad\qquad H_3O^+ + OH^- \;\rightleftharpoons\; 2\,H_2O$,

c'est l'équilibre ionique de l'eau très déplacé vers la formation de H_2O. Les OH^- sont ceux apportés goutte à goutte par la soude et les H_3O^+ sont ceux du membre de droite de (4).

Il est plus important de comprendre ce jeu de déplacement d'équilibre (très utile quoi qu'on étudie en chimie) que de retenir cette réaction de neutralisation !

Loi :

Quand on a une superposition d'équilibres, si l'un d'entre eux est très déplacé, il déplace tous les autres.
Ici (5) est très déplacé vers la droite, il s'ensuit un déplacement de (4) dans le sens de formation de NH_3 donc aussi vers la droite.

● **Etude quantitative**

On peut déterminer par le calcul le pH aux points remarquables (A, B, C, D) : c'est là un exercice de calcul plus qu'une expérience passionnante. Nous rappelons aux fatigués de la mathématique qu'ils ne perdent rien sur leurs collègues caïds, car le pH-mètre donnera simplement ces valeurs si dures à calculer... (Sauf le jour de l'examen !)

Avant de commencer des calculs de pH, il faut toujours faire le ou les diagrammes de distribution.

On prévoit ainsi les espèces majoritaires, il ne reste alors qu'à appliquer les formules correspondant aux espèces majoritaires présentes à chaque point particulier.

Les volumes des neutralisations sont :

$$\text{Pour (B) } C_1 V_1 = C_2 V_2$$

$C_1 V_1$ est la quantité d'acide à doser, ici H_3O^+ provenant de l'acide sulfurique. Les équations (1) et (2) (p. 134) montrent que deux H_3O^+ sont libérés par H_2SO_4 introduit.

La première neutralisation les dose en même temps.

$$\text{D'où } C_1 V_1 = 0,2 \text{ mol}$$

et $C_2 = 1 M$, on en déduit que $V_2 = 200 \text{ cm}^3$

$$\text{Pour (D) } C_3 V_3 = C_4 V_4$$

$C_3 V_3$ est la quantité d'acide à doser lors de la deuxième neutralisation (il s'agit de NH_4^+)

$$C_3 V_3 = 0,3 \text{ mol, et } C_4 = 1 M \text{ d'où } V_4 = 300 \text{ cm}^3.$$

pH aux points remarquables

— En (A) on a en solution 0,2 mole d'H_3O^+ dans 1 l d'où
$$pH = -\log 0,2 = 0,7.$$

— En (B) on a neutralisé tous les H_3O^+ de l'acide sulfurique ; on devrait trouver pH = 7 mais il faut tenir compte de NH_4^+ qui dès lors, seul acide majoritaire fixe le pH et pH = 1/2 $[9,3 - \log (NH_4^+)]$

En tenant compte de la dilution $(NH_4^+) = 0,3/1,2 = 0,25\,M$;

soit pH = 5.

— En (C) c'est une demi-neutralisation $(NH_4^+) = (NH_3)$

soit pH = 9,3.

— En (D) l'espèce majoritaire en solution est NH_3 formée par la complète neutralisation de NH_4^+; donc le pH de cette base est

$$pH = 7 + 1/2\ (9,3 + \log\ (NH_3)).$$

En tenant compte de la dilution $(NH_3) = 0,3/1,5 = 0,2\,M$

et pH = 11,3.

Quelques remarques

Si l'on compare la neutralisation d'un diacide (H_2CO_3) et celle d'un mélange d'acides, on est frappé par la ressemblance des deux courbes et des formules employées.

Une différence importante doit être notée :

Les volumes de neutralisation sont strictement identiques pour le diacide alors qu'ils dépendent des conditions opératoires pour le mélange.

La règle des trois unités de pK doit être vérifiée si l'on veut doser les acides distinctement (p. 134).

Dans le cas du mélange d'acides, ils sont tous présents au début du dosage alors que dans le cas du diacide, le deuxième acide n'est pas présent initialement, mais est formé au cours de la première neutralisation.

Nous venons d'examiner quelques cas particuliers de dosages acidobasiques. Ils nous ont permis de faire quelques remarques qui ont un caractère très général

a. Des déplacements d'équilibres ;

b. Des mélanges d'acides ;

c. Des espèces majoritaires.

Nous allons voir dans quelle mesure on peut appliquer des raisonnements analogues pour la compréhension de quelques phénomènes étudiés simplement dans la première partie de cet ouvrage.

La saponification

La réaction d'estérification est : acide + alcool $\rightleftharpoons$ ester + eau.
C'est un équilibre, c'est-à-dire que
— la réaction n'est pas totale
— si l'on dissout un ester dans de l'eau, il y a formation d'acide et d'alcool, c'est la réaction d'**hydrolyse.**
En milieu basique $(OH^-) > 10^{-2}$ M, la réaction d'hydrolyse est **totale.** C'est la **saponification.**

Explication simple dans le cas de l'éthanoate de méthyle :
1. $CH_3COOCH_3 + H_2O \rightleftharpoons CH_3COOH + CH_3OH$
2. $CH_3COOH + H_2O \rightleftharpoons CH_3COO^- + H_3O^+$
3. $H_3O^+ + OH^- \rightleftharpoons 2\ H_2O$

En milieu basique, (2) est déplacé vers la droite.
Au fur et à mesure que (1) fournit CH_3COOH, (2) le transforme en CH_3COO^-. A cause de (3), l'équilibre (2), presque totalement déplacé à droite, déplace à son tour presque totalement l'équilibre (1) (loi p. 135).
La saponification est donc totale.

Les indicateurs colorés

Définis page 35 comme des composés dont la forme acide et la forme basique n'ont pas la même couleur, ce sont trop souvent des "gadgets" bien pratiques dont on ignore tout. On se propose d'expliquer, sur un exemple, cette phrase du professeur — "Surtout, n'en mettez que quelques gouttes."
Cette remarque pouvant être dite peu après une traditionnelle lamentation sur le piteux budget accordé aux travaux pratiques, l'élève attentif fera un rapprochement des deux pensées et en déduira un louable comportement économe.
Cette phrase a une origine scientifique avant tout.

a. **Démystification de l'indicateur coloré**

Comment faire le liquide qui est dans la petite bouteille étiquetée "phénolphtaléine" ?
Le préparateur pèse 50 mg d'un solide (poudre blanche) nommé phénolphtaléine, le dissout dans 50 ml d'éthanol puis ajoute 50 ml d'eau : c'est prêt.

b. Exemple d'une mauvaise utilisation

10 ml d'une solution 10^{-3} M d'acide acétique sont dosés par une solution de soude 10^{-3} M. Afin de visualiser le virage, l'élève verse 20 gouttes de *phénolphtaléine!*

c. Visualisation de l'erreur

En cachette de ce mauvais manipulateur, relevons à l'aide d'un pH-mètre les valeurs nécessaires à l'établissement de la courbe de ce dosage (Fig. I).

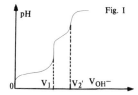

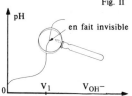

A gauche, la courbe du mauvais dosage, entaché d'une grosse imprécision. Nous qui voyons la courbe, nous pouvons déterminer la valeur V du volume de neutralisation, mais l'élève qui observe la couleur de sa solution, quand va-t-il arrêter son dosage? Car la couleur de la solution va apparaître petit à petit entre V_1 et V_2!

La fig. II représente un dosage bien réalisé (une goutte seulement d'indicateur).

Le petit décrochement est en fait imperceptible, mais indique que tout l'indicateur va virer en moins d'une goutte de base, ce qui élimine l'erreur due à la présence de l'indicateur.

● **Note :** le lecteur avisé aura remarqué que la courbe (I) ressemble à la courbe de dosage d'un mélange d'acide. Ce en quoi il a parfaitement raison et les deux acides qui sont neutralisés sont :

a. L'acide acétique (c'est le but de l'expérience) ;
b. La phénolphtaléine dont la forme acide est incolore.

Après les deux neutralisations, on obtient les deux bases conjuguées : l'ion acétate et la forme basique de l'indicateur (précisément colorée en rose).

Pensez-y, lors de votre prochain dosage, vous ne mettrez qu'une goutte d'indicateur, vous ferez des économies, certes mais surtout, vous ferez un dosage exact.

Définition :

C'est l'action d'un acide* sur un alcool.
● C'est une réaction réversible.

Étude expérimentale

Cette étude a été réalisée par Berthelot et Pean de Saint-Gilles.

Ils ont préparé une grande quantité d'un mélange équimolaire d'acide éthanoïque pur et d'éthanol.

Ils ont prélevé des quantités égales de ce mélange (5 cm^3 par exemple) qu'ils ont scellées en ampoule. (En effet l'éthanol bout à 78°C et l'acide éthanoïque à 104°C ; ces ampoules doivent être portées à des températures élevées sans que les produits s'évaporent. A l'intérieur des ampoules, la pression peut s'élever à 20 atm.).

Une série d'ampoules est portée au thermostat à 50°C, une autre série à 110°C...

Au bout du temps t on retire une ampoule du thermostat, on la refroidit** ; le milieu réactionnel subit une trempe. L'ampoule contient alors l'alcool, l'acide, l'ester, l'eau.

Pour déterminer la composition du mélange, il faut connaître quantitativement un composé : le seul corps qui se dose facilement est l'acide.

Dosage

Tout le contenu de l'ampoule est versé dans un bécher, le dosage est fait en présence de glaçons, à 0°C.

Pourquoi ? Voir plus loin...

(La solution de soude à utiliser doit être très concentrée car initialement l'acide éthanoïque est pur. Il faut prendre de la soude 5 N. L'indicateur coloré est la phénolphtaléine.)

Connaissant la quantité de soude versée, on en déduit la quantité d'acide restant dans le mélange au temps t.

On répète cette opération à différents temps t pour toutes les températures.

---

* Nous prenons l'exemple d'un acide carboxylique.
** Peut-on ouvrir une ampoule scellée ayant une pression interne de 20 atm ?

Au temps t, la quantité d'acide disparu est égale à la quantité d'ester formée.

Les résultats sont reportés sur le graphique ci-contre.

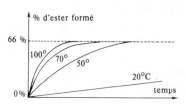

Fig. 1

● **On constate que :** la limite est la même pour toutes les températures : donc la réaction est *athermique* (p. 117). C'est une chance pour Berthelot !

La vitesse augmente avec la température* ; elle est très faible à $20°C$ et nulle à $0°C$. Une chance encore pour Berthelot ! (p. 148).

Influence du catalyseur

Une autre série d'ampoules a été étudiée en ajoutant au milieu réactionnel un acide fort (donnant des ions H_3O^+).

Ils constatèrent l'augmentation de la vitesse de la réaction en présence de H_3O^+. Par exemple, avec ce catalyseur, à $50°C$, on obtient une courbe voisine de la courbe obtenue à $100°C$ sans catalyseur*.

● **Remarque :**

Dans la courbe expérimentale du graphique ci-dessus, Berthelot avait remarqué un faible épaulement correspondant à une augmentation de la vitesse. Car au début de la réaction, il n'y a pas d'eau, mais dès qu'il s'en est formé un peu, il y a dissociation partielle de l'acide éthanoïque ce qui produit des ions H_3O^+ qui "auto-catalysent" la réaction.

---

*Ce qui ne signifie pas que la température est un catalyseur (p. 94 et 149).

Influence des concentrations

Une autre série d'ampoules contenait des mélanges avec des proportions différentes d'acide et d'éthanol.
L'équilibre final n'était donc plus le même.
Voir loi universelle du déplacement des équilibres, p. 116.

L'hydrolyse

Des ampoules renfermant au départ des mélanges équimolaires d'eau et d'ester sont soumises aux mêmes traitements.
Les mesures doivent être faites à température élevée car l'ester et l'eau ne sont pas miscibles à la température ordinaire.
Les résultats obtenus sont reportés sur le graphique ci-dessous.

C'est à partir de ces résultats que Berthelot a donné les lois sur les équilibres.

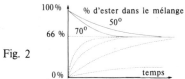

Fig. 2

Réflexion sur les dosages "on the rocks"

Pourquoi Berthelot et Pean de Saint-Gilles faisaient-ils leurs dosages "on the rocks", c'est-à-dire en présence de glaçons?

Etudions la réaction de *saponification* (p. 138) d'un ester par la soude.

$$CH_3COOC_2H_5 + OH^- \rightarrow CH_3COO^- + C_2H_5OH$$

C'est une réaction totale, plus rapide que les réactions d'estérification et d'hydrolyse.
Une chance pour Berthelot que la vitesse de la saponification soit presque nulle à $0°C$ alors qu'elle est non négligeable à $20°C$!

● **Vérification :**

On a conservé un becher froid après le dosage par la soude. La solution est mauve à cause de la phénolphtaléïne colorée par l'excès de soude. Si on laisse revenir le becher à 20°C, la solution se décolore en une dizaine de minutes.

● **Pourquoi ?**

L'excès d'ions OH⁻ a réagi sur l'ester. Plus d'OH⁻ donc plus de couleur mauve.

Donc, si le dosage était fait à 20°C et non "on the rocks", la soude réagirait aussi avec l'ester et pas seulement avec l'acide, ce qui fausserait le dosage.

On comprend ainsi la nécessité du dosage "on the rocks".

● **Remarques :**

Dans cette étude, nous avons insisté sur certains points pour mettre un terme à de fausses explications souvent invoquées.

● **Par exemple :** on ne refroidit pas le mélange à doser pour stopper l'estérification et déterminer le temps t précisément, mais, à cause des raisons précédemment exposées, pour éviter que la saponification ne modifie les conditions du dosage.

En effet, que sont les 5 mm du dosage, devant les 50 ou 100 heures de la réaction...

Nous avons beaucoup parlé de chance. Ne sourit-elle pas qu'à ceux qui savent la prendre ?
Pour cette très belle étude, Berthelot méritait bien le Panthéon ! Sa femme y est également enterrée...

Comment réaliser expérimentalement la réaction d'estérification en se fixant comme objectifs :

a. Visualiser la formation ou la disparition d'un des produits (nous choisirons l'ester) ;

b. Montrer l'existence d'une limite (de l'équilibre) ;

d. Montrer que la limite est la même pour l'estérification et pour l'hydrolyse ;

c. Utiliser pour cela un minimum de matériel.

Appareillage au choix :

Le flacon de réaction doit permettre :

— un chauffage en même temps qu'une agitation

— l'adaptation d'un condenseur

— des prises d'essai.

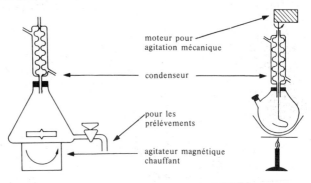

moteur pour agitation mécanique

condenseur

pour les prélèvements

agitateur magnétique chauffant

Visualisation de la quantité d'ester présent

Les quatre composés :

— Acide éthanoïque ;

— Ethanol ;

— Ethanoate d'éthyle ;

— Eau ;

sont plus ou moins solubles les uns dans les autres, mais en présence d'une grande quantité d'eau, seul l'ester est très peu soluble. On se sert de cette propriété d'insolubilité pour visualiser la quantité d'ester ; il surnage au-dessus de la phase aqueuse.

Il suffit aux temps t_1 t_2 de prélever dans un tube à essai une quantité constante de mélange.

● **Par exemple :** 5 cm^3 ; et de l'introduire dans une grande quantité d'eau froide *, si possible toujours la même ● **Par exemple :** 50 cm^3.

Expérience

Il est bon de mener de front estérification et hydrolyse.
On porte à chaud d'une part 60 g d'acide éthanoïque * avec 46 g d'éthanol * et d'autre part 88 g d'ester * (éthanoate d'éthyle) avec 18 g d'eau *, on ajoute aux deux mélanges la même quantité d'acide fort (catalyseur) et on agite énergiquement surtout le mélange peu miscible ester-eau.
On fait le prélèvement pour visualiser la quantité d'ester formée lors de l'estérification ou restant lors de l'hydrolyse. On obtient :

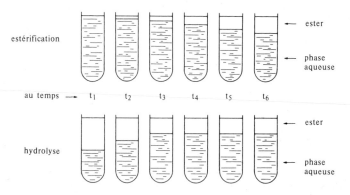

● **On remarque :** qu'il existe une limite à l'avancement de la réaction, et que cette limite est la même pour les réactions directe et inverse.
On peut éventuellement modifier les conditions expérimentales. Si on opère avec des alcools secondaires ou tertiaires, la quantité d'ester formée est très faible et peu visible *.
On peut rendre plus spectaculaire la visualisation de l'ester en ajoutant du rouge de méthyle.

---

*Eventuellement salée

Rappel des connaissances étudiées à propos de l'estérification. On sait que la réaction d'estérification est un équilibre (p. 92, 144)

$$\text{Acide} + \text{Alcool} \rightleftharpoons \text{Ester} + \text{Eau}$$

Cet équilibre, comme tous les équilibres, est caractérisé par une constante K telle que :

$$K = \frac{(\text{Ester}) \cdot (\text{Eau})}{(\text{Acide}) \cdot (\text{Alcool})} = 4 \text{ dans ce cas.}$$

Le symbole (...) désigne la concentration de l'espèce "..." (p. 104). Dans le cas où la réaction est faite sans solvant, le terme *concentration* n'a plus de sens ; on convient alors que (...) désigne simplement le nombre de moles de "...".

On sait que cet équilibre est athermique (p. 117, 148), c'est-à-dire que la constante K est indépendante de la température ou encore que la limite des concentrations ne dépend pas de la température.

● **Exemple de mélanges** lors de l'estérification

Acide	0,33 mol	3 mol	6,25 10^{-2} mol
Alcool	0,33 mol	0,5 mol	2 mol
Ester	0,66 mol	2 mol	1 mol
Eau	0,66 mol	1,7 mol	0,5 mol
$\dfrac{(\text{Ester}) (\text{Eau})}{(\text{Acide}) (\text{Alcool})}$	4 (= K)	2,27 (≠ K)	4 (≠ K)
Le système est-il à l'équilibre ?	OUI	NON	OUI

● **Exemple de la phosphorylation du glucose** (cours de science)

$$\text{GLUCOSE} + \text{ATP} \rightleftharpoons \text{GLUCOSE-6P} + \text{ADP} \quad K = 1,6 \ 10^3$$

G	5.10^{-3} mol $\cdot 1^{-1}$	$5 \cdot 10^{-5}$ mol $\cdot 1^{-1}$
ATP	$2 \ 10^{-4}$ mol 1^{-1}	10^{-5} mol 1^{-1}
G6P	$8 \ 10^{-3}$ mol 1^{-1}	$8 \ 10^{-3}$ mol 1^{-1}
ADP	10^{-4} mol 1^{-1}	10^{-4} mol 1^{-1}
$\dfrac{(\text{G6P}) \cdot (\text{ADP})}{(\text{G}) \cdot (\text{ATP})}$	0,8 (≠ K)	$1,6 \ 10^3$ (= K)
équilibre ?	NON	OUI

● **Comment passer des conditions initiales aux conditions à l'équilibre ?**

Reprenons le cas de l'estérification, et supposons que l'on mélange 1,8 mole d'acide à 0,96 mole d'alcool. Ce sont les conditions initiales (CI). Comment trouvent-on les conditions finales (CF) ?

Il suffit pour cela d'exprimer une relation qui traduise le phénomène physique que x moles d'acide ont réagi avec x moles d'alcool pour donner x moles d'ester et x moles d'eau.

	Acide +	alcool $\rightleftharpoons$	Ester +	Eau	
(CI)	1,8	0,96	0	0	
(CF)	$1,8-x$	$0,96-x$	x	x	à l'équilibre

On sait que l'équilibre est caractérisé par une constante K dont la valeur est 4. D'où :

$$K = \frac{x \cdot x}{(1,8-x) \cdot (0,96-x)} = 4$$

Donc $3\,x^2 - 11,04\,x + 6,912 = 0$

qui a pour solutions x' = 0,8 et x" = 2,9.

De ces deux solutions, une seule a un sens physique.
En effet x ne peut être plus grand que 0,96 car on ne peut pas former plus de produit que de réactifs initialement présents.
La solution du problème est :

	Acide	Alcool	Ester	Eau	
	1,0	0,16	0,8	0,8	en mol.

Ces valeurs introduites dans la constante d'équilibre vérifient :

$$K = 4.$$

Ce mode de raisonnement est très général et peut être appliqué à toutes les études quantitatives d'équilibres.

Nous avons mentionné que lors de l'estérification, Berthelot avait constaté que la limite de la réaction était indépendante de la température. Mais dans cet ouvrage (p. 117) nous avons déjà insisté sur le fait que ce résultat est exceptionnel et ne se rencontre que dans le cas de l'estérification.

Comparons ce résultat aux résultats plus généraux rencontrés dans l'étude des équilibres.

● **Equilibre athermique**

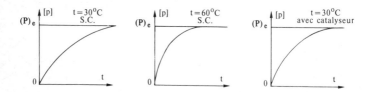

● **Equilibre endothermique**

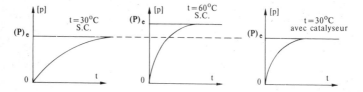

● **Equilibre exothermique**

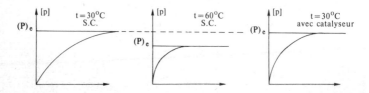

S.C. signifie : sans catalyseur
(P) est la concentration en produit final supposée nulle à t = 0.
$(P)_e$ est la concentration de P à l'équilibre.

Nous espérons par ces schèmas insister sur les ressemblances et les différences entre catalyseur et température.

— Température et catalyseur sont des facteurs cinétiques.

— La température n'est pas un catalyseur (p. 94).

Ces schémas montrent une différence fondamentale entre eux :

la position de la limite de l'équilibre.

● **Note :**

Dans tous les cas, les graphes donnent la concentration d'un des produits qui se forme : c'est donc une fonction croissante. Nous avons choisi systématiquement le cas le plus simple où le produit qui se forme n'est pas présent au temps $t = 0$.

● **Que vaut $(P)_e$?**

Nous n'avons pas donné d'ordre de grandeur quant à la valeur numérique de la limite $(P)_e$ qui peut être extrêmement faible (cas de l'autoprotolyse de l'eau) ou extrêmement grande, ou encore 66 % pour l'estérification ou 80 % pour la réaction

$$SO_2 + 1/2\,O_2 \;\rightleftharpoons\; SO_3 \text{ à } 300°C$$

De même, rien ne permet de prévoir le temps au bout duquel l'équilibre est presque atteint. Théoriquement il faut attendre un temps infini ; en pratique, on considère que la réaction est à l'équilibre dès que la valeur limite est atteinte à plus ou moins la précision des mesures.

● **Exemples :**

— Les réactions acide-base sont quasiment instantanées. Le temps de faire le mélange et l'équilibre est atteint.

— En solution, les réactions mettant en jeu des réactifs minéraux sont assez rapides ; entre 1 s et 1 mn le plus souvent.

— Les réactions en chimie organique ont souvent besoin d'un catalyseur pour évoluer raisonnablement vite de 5 mn à 24 h.

— De nombreuses réactions apparemment totales sont en fait des équilibres très déplacés.

● **Cas extrême :** La réaction $2\,H_2 + O_2 \rightarrow 2\,H_2O$ est à juste titre considérée comme totale quoique certains auteurs la traitent comme un équilibre.

Nature et provenance des bouteilles

● Bouteille d'eau minérale : polychlorure de vinyle ;
● Bouteille de coca-cola : polyester, condensation de l'acide téréphtalique et du glycol, résistant à l'acide sulfurique et au coca !
● Ainsi que certaines bouteilles plastiques de lait et de vin.

Utilisation

Ces bouteilles sont déformables et donc sensibles à la variation de volume lors d'une expérience. On effectuera dans ces bouteilles toute réaction mettant en jeu un ou plusieurs gaz qui disparaissent pendant l'expérience.

Dissolution d'un gaz

C'est le cas de : HCl chlorure d'hydrogène ; NH_3 ammoniac ; SO_2 dioxyde de soufre ; tous trois très solubles dans l'eau.

1. On remplit la bouteille par déplacement d'air (Fig. 1)

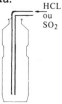

HCL ou SO_2

NH_3 →

Fig. 1

● **Questions** : pourquoi ne peut-on pas recueillir le gaz sur une cuve à eau ? et pourquoi retourner la bouteille pour NH_3 ?

2. On introduit l'eau avec une seringue (Fig. 2),
ou dans un tube à essai que l'on renverse après avoir bien rebouché (Fig. 3).

Fig. 2

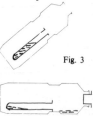

Fig. 3

Dans les deux cas on observe un aplatissement total de la bouteille

gaz	+	eau	→	solution aqueuse du gaz
grand volume		petit volume		petit volume

Réactions en chimie organique

a. $C_4H_{10} + Cl_2 \rightarrow C_4H_9Cl + HCl$ (p. 68)

Dans cette substitution, seul le chloro 1 butane est liquide ; les trois autres composés sont gazeux. Dans la bouteille plastique, on observera donc un aplatissement de moitié environ. Puis si on introduit, à l'aide d'une seringue, de l'eau salée et de l'héliantine, l'aplatissement sera total car le gaz restant (HCl) se dissoudra ; de plus l'héliantine rougit.

b. Avec le méthane, on forme théoriquement CH_3Cl qui est aussi gazeux. Autant de gaz sont formés que de gaz disparaissent, la réaction se fait sans changement de volume et la bouteille ne doit pas s'aplatir.

En fait il se forme aussi CH_2Cl_2, $CHCl_3$ et CCl_4 qui eux sont liquides et de plus dissolvent CH_3Cl (p. 66).

Il y a donc quand même aplatissement de la bouteille.

c. $CH_2 = CH_2 + Cl_2 \rightarrow CH_2Cl - CH_2Cl$ liquide (addition) (p. 70).

Dans ce cas, l'aplatissement de la bouteille est total si les quantités stœchiométriques sont réalisées.

d. $CH \equiv CH + H_2O \rightarrow CH_3 - C \overset{\displaystyle \diagup H}{\underset{\displaystyle \diagdown O}{}}$ (addition) (p. 67)

On recueille sur la cuve à eau de l'acétylène puis on bouche la bouteille en emprisonnant de l'eau. Les deux réactifs sont en présence mais la réaction est beaucoup trop lente pour être visible : **il manque le catalyseur.**

On prépare une solution concentrée d'acide sulfurique et d'oxyde de mercure HgO. On introduit ce catalyseur dans la bouteille et on rebouche rapidement. Il se produit un échauffement, dissolution de l'acide dans l'eau, suivi d'un aplatissement de la bouteille ; on peut caractériser l'aldéhyde formé en chauffant la solution aqueuse.

e. C_6H_6 (benzène*) + 3 Cl_2 → $C_6H_6Cl_6$ (p. 64)

Quelques gouttes de benzène sont introduites dans une bouteille de chlore. La réaction est initiée par les U.V. ou la lumière solaire.

---

*Le benzène est un composé très toxique ; toute dose absorbée (inhalation, contact avec la peau...) est accumulée dans l'organisme. A la longue, on observe des modifications de formule sanguine.

C

D

E

F

G

U

X

V

Z

Imprimé en Italie
par *Arti Grafiche* V. BONA - S.r.l. - Turin

Dépôt légal n° 890625, Mars 1989
ISBN 2.88003.044.7 - FOMA
ISBN 2.218-05607-0-HATIER